미국의 강철왕, 나눔을 실천하다
앤드루 카네기

앤드루 카네기 미국의 강철왕, 나눔을 실천하다

2011년 12월 8일 초판 1쇄 인쇄
2011년 12월 16일 초판 1쇄 발행

글 고희상 / 그림 투리아트
펴낸이 이철규 / 펴낸곳 북스
편집 김세영 / 편집디자인 박근영 / 마케팅 김종열

편집부 02-336-7634 / 영업부 02-336-7613 / FAX 02-336-7614
전자우편 vooxs2004@naver.com / 등록번호 제 313-2004-00245호 / 등록일자 2004년 10월 18일

주소 서울특별시 광진구 자양4동 52-197번지 2층
값 9,800원
ISBN 978-89-6519-031-8 73800

잘못된 서적은 구입하신 서점에서 교환하여 드립니다.
이 책은 저작권법에 의해 보호를 받는 저작물이므로 불법 복제와
스캔 등 무단 전재 및 유포·공유를 금합니다

미국의 강철왕, 나눔을 실천하다
앤드루 카네기

글 고희상 그림 투리아트

머리말

돈의 참된 가치를 깨닫길 바라며!

우리는 지금 물질 만능의 시대를 살아가고 있습니다.

모든 이들이 한 푼이라도 더 벌기 위해 악착같이 노력합니다. 확실히 돈, 즉 재산이 많으면 풍족하고 안락한 생활을 할 수 있습니다.

그러나 그렇다고 해도 모두 행복한 것은 아닙니다. 재물이란 많다고 해서 행복한 것도, 반대로 적다고 해서 불행한 것도 아니기 때문입니다. 때론 많은 재물이 불행이 될 때도 있고 재물이 손에 없는 것이 행복일 때도 있습니다.

재물이라는 것은 모으는 과정도 중요하지만 그것보다 더 중요한 것은 재물을 사용하는 방법입니다.

앤드루 카네기는 바로 그 재물을 어떻게 사용하는지를 분명하게 보여 주는 인물입니다. 많은 재산을 모았으되 그는 자신의 모든 재산을 사회에 다시 되돌려 주었습니다.

　부를 나누는 일은 더없이 행복하고 보람찬 일입니다. 앤드루 카네기는 그것을 몸소 실천하고 행함으로써 재물보다 더한 명성을 얻게 된 것입니다.

　돈으로 인해 많은 사건과 사고가 벌어지는 각박한 현대 사회에서 앤드루 카네기의 기부 정신은 과연 진정한 부가 무엇인지를 가르쳐 준다고 하겠습니다.

고희상

차례

머리말_ 돈의 참된 가치를 깨닫길 바라며!   8

1. 고난에도 웃음을 잃지 마라   12
긍정적이고 활기찬 성격은 재산보다도 귀하다.

2. 인간을 알기 위해 노력하라   25
자신보다 더 우수한 사람을 잘 다룰 줄 알아야 한다.

3. 사람들이 나를 좋아할 수 있게 만들어라   42
다른 사람에게 존중받고 싶다면 먼저 남을 존중해야 한다.

4. 기회는 만들어 가는 것이다   55
배움을 탐하라. 그러면 기회가 열릴 것이다.

5. 능력을 보여 주지 못할 자리란 없다   68
능력 있는 사람은 어느 자리에 있든지 최선을 다한다.

6. 확신을 가지고 과감히 도전하라   81
꿈을 향해 과감히 도전하라. 이는 당신을 성공으로 이끌 것이다.

7. 인간을 잘 다루어라 99
   타인의 장점을 발견하고 훌륭한 점을 칭찬할 줄 알아야 한다.

8. 긍정의 힘으로 세상을 보라 113
   매사에 긍정적인 인간은 실패에서도 배운다.

9. 자신을 사랑하라 126
   명료한 생각으로 모든 것을 진지하게 사랑해야 한다.

10. 완벽한 인간은 없다 144
    앤드루 카네기의 자선기금은 전부 노동자들의 피와 땀에서 착취한 것이다.

11. 부자인 채로 죽는 것은 부끄러운 일이다 156
    자신의 재산을 나눠 줄 수 있는 부자가 되어야 한다.

12. 때를 놓치지 마라 167
    때는 누구에게나 오기 때문에 늘 준비하고 있어야 한다.

앤드루 카네기의 일생   180
앤드루 카네기 재단   181
인류 역사상 가장 부유했던 사람들   184
인물의 발자취   185

1. 고난에도 웃음을 잃지 마라

긍정적이고 활기찬 성격은 재산보다도 귀하다.
타고나는 성격도 노력 여하에 따라 얼마든지 달라질 수 있다.
신체와 마찬가지로 정신도 음지에서 양지로 나올 수 있음을 명심하라.
고난에도 웃음을 잃어선 안 된다.

앤드루의 어린 시절

근대 자본주의 역사상 가장 손꼽히는 부자 중 한 사람인 앤드루 카네기는 1835년 11월 25일, 스코틀랜드의 던펌린이라는 작은 도시에서 태어났다. 에든버러 북서부의 구릉지에 위치한 던펌린은 스코틀랜드의 역사가 살아 숨 쉬는 옛 수도였다.

앤드루의 아버지 윌리엄은 직조 기술자, 그러니까 수동식 직조기를 이용하여 옷감 만드는 일을 하는 가난한 노동자였다. 한때는 제법 좋은 시절도 있어서 몇 대의 직조기를 들여왔고 조수까지 고용했다. 하지만 얼마 못 가 산업혁명으로 인해 기계로 옷감을 생산하는 일이 급속히 확대되었다. 그에 따라 일일이 손으로 옷감을 만드는 것은 경쟁력을 잃었고 직조 분야의 경기도 급속히 나빠졌던 것이다.

앤드루가 태어났을 때는 한창 경기가 나빠져 가고 있을 무렵이었다. 그나마 게으름을 피우지 않고 열심히 일을 하는 아버지와 어머니 덕분에 근근이 생활을 유지할 수 있었다.

앤드루의 어머니인 마거릿은 스코틀랜드 남부의 모리슨 가 출신으로 단호한 성격과 충실하고 확고부동한 의지를 가진 여성이었다.

그녀는 수입이 줄었음에도 남편에게 불평하지 않았고 게으름을 피우거나 흐트러진 모습을 보이지 않았다. 비록 싸구려 천으로 만든 옷이지만 늘 깨끗하게 세탁해서 풀을 먹이고 빳빳하게 다림질을 해 입고 다녔다.

그녀는 앤드루의 삶에 있어 가장 큰 영향력을 미친 사람 중 한 사람이었다.

"부지런하게 일하면 돈을 벌 수 있고, 돈은 우리에게 양식을 준다!"

그녀가 어린 앤드루에게 입버릇처럼 하던 말이었다. 무척이나 단순하지만 가장 확실한 삶의 진리였다. 그녀는 그 누구에게도 배우지 않았지만 자신의 삶 속에서 이것을 터득했다. 성실함은 그 어떤 어려움 속에서도 삶을 살아갈 수 있는 가장 강한 힘이라는 것을 말이다.

그녀는 앤드루에게 성실하게 일하는 것의 중요성을 어린 시절부터 가르쳤고 그녀 자신도 누구보다 성실하게 일을 하고 가정을 보살폈다.

식료품점을 운영하고 있던 이모부 조지 로더도 어린 앤드루에게 많은 가르침을 주었다. 이모부 조지에게는 같은 이름을 가진 아들 조지 로더가 있었다. 아들 조지는 앤드루와 같은 또래이자 사촌이었고 절친한 친구였다.

이모부 조지 로더는 아이들을 다루는 데 무척 능력이 있는 사람이었다. 특히 그는 일을 마치고 앤드루와 아들 조지에게 다가가 많은 이야기를 해 주었다. 그의 이야기는 아주 재미있어서 앤드루와 조지는 시간 가는 줄 모른 채 넋을 잃고 이야기를 듣곤 했다.

이모부 조지는 주로 영국과 스코틀랜드의 역사에 남아 있는 영웅들의 이야기를 생생하게 들려주었는데, 앤드루는 이야기를 들을 때마다 마치 자신이 그 주인공이 된 것 같은 상상을 하곤 했다.

앤드루가 특히 좋아한 사람은 윌리엄 월리스 장군이었다. 월리스 장군은 힘없는 농민과 평민 들을 모아 함께 자유를 외치며 영국군의 침략과 약탈에 맞서 싸운 스코틀랜드의 영웅이다.

"싫어! 못 해! 난 월리스 장군이 아니면 안 할 거야!"
"어제는 네가 월리스를 했으니까 오늘은 영국 장군을 할 차례잖아."
"난 월리스 아니면 집에 갈 거야!"
"쳇! 알았어, 그럼 네가 월리스 해."

앤드루는 동네 아이들과 전쟁놀이를 할 때마다 월리스 역할을 고집했다. 앤드루의 고집은 워낙 완강했기에 아무도 그걸 꺾을 수 없었다.
"난 스코틀랜드의 윌리엄 월리스다! 영국군을 몰아내자, 돌격!"
어린 앤드루의 가슴은 온통 애국심으로 넘쳐 났는데 이것은 단순히 월리스를 좋아했기 때문만은 아니었다. 이모부 조지는 많은 영웅들과 신화 속 주인공들의 이야기를 실감 나게 들려주었고, 특히 스코틀랜드의 자랑스러운 역사를 설명하며 국민의 자부심을 무척이나 강조했기 때문에 앤드루가 그렇게 하는 건 어쩌면 당연한 일이라 할 수 있을 것이다.

이모부가 들려주는 많은 이야기들 가운데 고대의 대수도원 건물은 어린 앤드루에게 많은 상상력을 불러일으켰다. 앤드루의 고향 던펌린에 있는 오래된 건물들 중 베네딕트 수도원과 관련이 있는 곳이었다. 바람이 불고 비가 추적추적 내리는 어스름한 날이면 수도원 건물은 무척이나 스산하고 무서운 분위기였는데, 그럴 때면 아이들과 함께 수도원을 혼자서 도는 놀이를 했다. 일명 담력 테스트였다.
대부분의 아이들은 겁에 질려 중도에서 포기했지만 앤드루는 끝까지 수도원을 돌았다. 거기에는 그럴 만한 이유가 숨겨져 있었다.
앤드루와 어울렸던 동네 아이들 중에는 앤드루보다 덩치도 크고 나이도 많은 아이들이 끼어 있었다. 앤드루는 그들에 비해 덩치도 작고 나이도 어렸지만 그런 이유 때문에 기죽고 싶지 않았다. 앤드루는 어렸을 때부터 주도권을 쥐고 중심에 있고 싶어 하는 아이였다. 주도권을 잡기 위해서는 그에 걸맞은 뭔가를 보여 줘야만 했다. 다른 아이들이 할 수 없는 것을 말이다.

"내가 갔다 오겠어!"

앤드루가 어슴푸레한 어둠에 잠겨 있는 수도원을 바라보며 자신 있게 소리치자 다른 아이들은 깜짝 놀라지 않을 수 없었다.

"너 바보 아냐? 밤이 되면 수도원에서 귀신이 나온다는 소리 못 들었어?"

"상관없어! 난 귀신같은 거 하나도 무섭지 않으니까!"

앤드루는 자신감 넘치는 표정으로 당당하게 말하고는 수도원으로 걸어갔다. 아이들은 수도원으로 걸어가는 앤드루를 걱정스럽게 바라보며 수군거렸다.

"분명 앤드루는 귀신한테 잡혀갈 거야……."

"맞아! 우리 삼촌도 수도원에서 귀신을 봤는데 겨우 도망쳤다고 나한테 말씀해 주셨거든."

"정말 무서운 귀신이 나올 텐데……."

"아마 바로 지옥으로 끌려갈지도 몰라!"

혼자서 수도원 안으로 들어선 앤드루의 가슴은 콩알만 해졌다. 금방이라도 귀신이 눈앞에 튀어나올 것만 같아 다리가 후들거렸다. 하지만 돌아갈 수는 없었다. 만약에 지금 돌아가면 앞으로 동네 아이들 사이에서 자신의 위치가 너무도 보잘것없게 된다는 것을 잘 알고 있었다. 그건 도저히 견딜 수 없는 일이었다.

앤드루는 비록 동네 아이들 중에 자신보다 나이가 많은 이들이 있었지만 그 무리 사이에서 우두머리 대접을 받고 싶었다. 앤드루는 용기를 냈다.

마침내 앤드루가 수도원을 한 바퀴 돈 후 아이들 앞에 다시 나타났다. 그러자 동네 아이들은 놀란 눈으로 앤드루를 바라보았다. 동네 아이들 중에서 지금껏 아무도 혼자 수도원을 들어갔다가 나온 이가 없었던 것이다. 이제 동네 아이들 중에 앤드루를 놀릴 수 있는 사람은 없었다. 키가 작고 나이가 어렸지만 앤드루는 동네 아이들 중 당당히 우두머리 위치를 차지했던 것이다.

앤드루는 학교를 다니지 않았다. 당시에는 대여섯 살만 되면 대부분의 아이들이 공립학교에 다녔는데 무슨 이유에서인지 앤드루는 학교에 가는 것을 꺼렸다. 먹고 사는 일이 급했던 앤드루의 부모님은 한동안 그런 앤드루를 내버려 두었다. 그사이 앤드루는 어린 시절을 빈둥거리며 지내고 있었다.

앤드루가 여덟 살이 된 어느 날, 어머니 마거릿은 앤드루를 데리고 로버트 마틴이라는 교사를 찾아갔다.

마거릿은 더 이상 자신의 아들이 교육을 받지 못한 채로 커 가는 것을 두고 볼 수가 없었다. 로버트 선생님은 앤드루에게 교육의 중요성을 자세히 설명했고, 그와 이야기를 나눈 후 앤드루는 곧 학교생활을 시작하게 되었다.

앤드루는 배우는 것에 많은 흥미와 즐거움을 느꼈다. 특히 읽고 쓰고 외우는 것에 능숙했다. 앤드루가 시를 외우는 것에 무척 열중한다는 사실을 잘 알고 있었던 로버트 선생님이 한 가지 제안을 했다.

"내일 수업 시간에 학생들 앞에서 시를 낭송해 보지 않겠느냐?"

"시요?"

"나는 앤드루 네가 시를 읽고 외우는 걸 좋아한다는 것을 잘 알고 있단다. 네가 열심히만 해 준다면 상으로 1페니를 주도록 하마."

"예엣? 정말인가요? 정말 1페니를 주시는 건가요?"

1페니라는 돈은 큰돈이 아니었다. 아니, 너무도 작은, 보잘것없는 돈이었다. 하지만 그 작은 1페니의 가치가 앤드루에겐 엄청난 것이었다.

비록 작은 돈이라고 할지라도 온전히 자신의 힘으로 벌 수 있다는 사실에 앤드루는 마구마구 가슴이 설레었던 것이다.

앤드루는 그날 열심히 시를 외우는 데 집중했고, 수업 시간에 학생들 앞에서 멋지게 시를 낭송했다. 학생들의 박수 소리와 함께 로버트 선생님이 약속한 1페니를 받는 순간 그는 세상을 모두 얻은 것 같은 느낌이었다.

앤드루는 아주 오래도록 이때의 기억을 잊지 않고 가슴 깊이 새겨 놓았다. 자신의 손으로 돈을 벌었을 때의 뿌듯한 성취감을 말이다.

한번은 이런 일도 있었다.

앤드루의 아버지 윌리엄은 어디선가 비둘기와 토끼 몇 마리를 가지고 집으로 돌아왔다. 아마도 옷감을 짠 대가로 돈을 대신해서 받았을 것이었다. 윌리엄은 그 동물들을 돌보는 일을 앤드루에게 맡겼다.

　무척이나 귀여운 녀석들이었지만 어린 앤드루가 먹이를 직접 주는 게 그리 만만한 일은 아니었다. 매일 들로 나가 풀을 뜯어 오는 일은 꽤나 성가셨다. 더구나 학교 수업과 공부에 한창 빠져 있던 앤드루로서는 먹이를 구하러 다니는 시간이 아깝기 그지없었다.

　몇 번은 사촌이자 또래인 조지가 풀을 뜯는 것을 도와줬지만 매일 그 아이에게 맡길 수도 없는 노릇이었다.

　"한 번에 풀을 많이 뜯어 오면 되잖아?"

　조지가 앤드루의 고민에 대해 나름대로의 해결책을 제시했지만 바로 퇴짜를 맞았다.

　"풀은 하루만 지나도 숨이 죽어버려서 시들시들해진다고. 아버지가 토끼에게 그런 풀을 먹이면 병에 잘 걸린다고 말씀하셨어."

　"뭐, 그럼 어쩔 수 없이 매일 뜯어 올 수밖에 없는 거잖아."

　"맞아! 그런 방법이 있었어!"

　한참을 골똘히 생각에 잠겨 있던 앤드루가 기쁨에 들뜬 목소리로 소리쳤다.

　"방법이 있다고? 그게 뭔데?"

　"정말 멋진 방법이 있으니까 애들을 데리고 와 줄래?"

　"애들을 데려오라고?"

　"그래, 지금 당장 여기로 데려와 줘."

　조지는 무슨 방법을 생각하는 건지 도무지 짐작도 할 수 없다는 듯 의아한 표정으로 앤드루를 바라보았다.

조지는 그 방법이 뭔지 무척 궁금했지만 아이들을 데리고 오기 전엔 앤드루가 절대로 말해 줄 것 같지 않았다. 앤드루가 생각해 낸 방법을 듣기 위해서는 애들을 데리고 오는 수밖에 없었다.

얼마 지나지 않아 조지는 늘 같이 노는 애들 서너 명을 데리고 왔다.

"우와! 이거 비둘기 아냐?"

"여기 토끼도 있어!"

"가까이서 보니까 장난 아니게 귀여운데?"

아이들이 새장과 토끼장에 들어 있는 비둘기와 토끼를 보며 소리를 질렀다. 물론 아이들이 이것들을 처음 보는 건 아니었지만 토끼와 비둘기를 집에서 기르는 곳이 많지 않았기에 무척 신기해했다. 아이들은 토끼와 비둘기에게 먹이를 주느라 야단법석이었.

앤드루가 기대한 건 바로 아이들의 그런 반응이었다. 토끼와 비둘기를 무척이나 귀여워하는 아이들의 모습을 확인하고 나서야 앤드루는 아이들에게 한 가지 제안을 했다.

"여기 토끼와 비둘기는 아직 이름이 없어서 너희 이름을 붙여 줄 생각이거든."

"뭐? 그게 정말이야?"

"그럼 내 이름을 붙여 줘, 앤드루!"

"내가 먼저야! 내 이름을 붙여 줘!"

"좋아. 그럼 이름을 붙여 주는 대신 먹이를 구해 올 수 있어? 생각해 봐. 자기 이름이 붙은 애들을 굶게 할 거야?"

"아니. 내가 할게. 내가 이 애들에게 줄 풀을 구해 올 테니까 내 이름을 붙여 줘."

"나도!"

"나도 할 테니까 내 이름을 빼먹으면 안 돼!"

아이들은 반응은 앤드루가 예상했던 그대로였다. 귀여운 토끼와 비둘기에게 자기 이름을 붙여 준다는 사실에 아이들은 풀을 구해 오는 노동을 기꺼이 감수했던 것이다. 덕분에 앤드루는 풀을 구하러 다니는 시간에 자신이 좋아하는 책을 읽거나 시를 암송할 수 있었다. 이는 앤드루가 난생처음으로 사람을 고용해 원하는 바를 얻게 된 경험이었는데 앤드루는 이 경험을 무척이나 소중하게 간직했고 틈이 날 때마다 그 기억을 꺼내 보곤 했다.

앤드루가 던펌린에서 유쾌하고 천국과도 같은 유년 시절을 만들어 가는 동안 막내 동생인 토머스 카네기도 태어났다. 하지만 집안은 점점 더 가난해졌다.

아버지 윌리엄의 일거리는 자꾸만 떨어져 갔고 일거리를 구하러 갔다가 빈손으로 돌아오는 경우가 점점 많아졌다. 어깨를 축 늘어뜨리고 근심이 가득한 얼굴로 돌아오는 아버지의 모습을 보는 건 앤드루에게 무척이나 고통스러운 일이었다.

"무슨 일이든 시켜만 주십시오!"

"열심히 할 테니 일을 시켜 주시면 안 되겠습니까?"

윌리엄은 일을 할 수 있는 곳이면 어디든지 가서 통사정을 했다. 그만큼 절박하고 처절했기 때문에 그런 아버지의 모습을 보는 앤드루는 의기소침하지 않을 수 없었다.

어머니 마거릿은 앤드루의 마음을 잘 알고 있었는지 앤드루가 표정이 안 좋을 때마다 그의 마음을 다독이며 용기를 주었다.

"가난하다고 해서 슬퍼하거나 기가 죽을 필요는 없단다. 그럴 때일수록 웃음을 잃지 마라. 웃음은 용기를 불러내고 용기는 가난을 이길 수 있는 힘을 준단다. 넌 언젠가 큰돈을 버는 부자가 될 것이란 믿음을 지녀야 해."

하지만 앤드루 집안의 재정 상태는 더욱 악화되어 하루 먹고 살기에도 힘겨운 나날이 이어졌다. 아버지 윌리엄은 어쩔 수 없이 새로운 기회를 찾아 미국으로 가는 이민선을 타기로 결정했다. 당시 미국은 '기회의 땅'이라고 불리며 이민 가는 사람들을 이민선에 태워 날랐고 돌아오는 길에는 화물을 실어 나르곤 했다.

앤드루는 정든 고향인 던펌린뿐만 아니라 많은 친구들과 헤어지는 것이 내키지 않았지만 어쩔 수 없는 일이었다. 겨우 이민선의 뱃삯을 마련한 앤드루의 가족들은 마침내 미국행 배에 올랐다. 앤드루의 나이 열세 살 때였다.

앤드루 카네기와 동시대를 살았던 제이 굴드

앤드루 카네기가 태어나고 1년이 지난 1836년, 뉴욕에서는 영국계 이민자인 굴드 가문에서 제이슨 제이라고 이름 붙여진 한 아이가 태어났다.

훗날 제이 굴드는 앤드루 카네기처럼 억만장자가 되지만 앤드루와는 달리 악덕 자본가로 악명을 떨치게 된다. 앤드루와 거의 같은 시기에 태어나 가난을 극복하고 억만장자가 되었지만 한 사람은 만인의 존경을 받는 부자가 되었고, 다른 한 사람은 더러운 부자의 오명을 쓰게 된다. 도대체 어째서 그런 차이가 벌어진 것일까?

앞으로 앤드루 카네기와 함께 제이 굴드의 삶도 언급할 것이다. 그 둘을 비교해 보며 차이가 나게 된 이유를 찾는 것도 의미가 있는 일일 것이다.

2. 인간을 알기 위해 노력하라

사실 내가 성공할 수 있었던 비결은 나 스스로 무언가를 잘해서가 아니라
나보다 잘 아는 사람을 뽑아 쓸 줄 알았기 때문이다.
나는 증기식 기계에 대해서는 잘 몰랐지만
그보다 훨씬 복잡한 구조물인 인간을 알기 위해 노력했다.
여기, 자신보다 더 우수한 사람을 어떻게 다뤄야 하는지 알았던 사람이 있다.

기회의 땅 미국으로

　미국으로 가는 배 위에서의 생활은 고통스럽기 이를 데 없었다. 미국에 도착하기까지 7주라는 긴 시간이 걸렸는데, 배가 그리 크지 않아서 파도에 많이 흔들렸고 그 바람에 뱃멀미를 심하게 할 수밖에 없었다.

　선실은 앤드루의 식구들처럼 가난에 떠밀려 새로운 기회를 찾아 미국으로 가는 사람들로 가득 찼다. 발을 뻗고 누울 자리를 찾는 것도 힘들었고, 물과 음식이 모자라 고생이 이만저만 아니었다. 거기다 배 안에 콜레라가 퍼져 사람들이 죽어 가는 바람에 극심한 공포에 시달려야 했다. 말 그대로 지옥 같은 7주였다.

　하지만 앤드루는 배에서의 생활이 그나마 견딜 만했다. 그 역시 다른 사람들처럼 뱃멀미에 시달렸지만 시간이 지나며 어느 정도 익숙해졌고 무엇보다도 배에서 일하는 선원들과 아주 친해졌던 것이다.

　그런 열악한 환경의 배에서 선원들과 친하다는 것은 엄청난 특권이었다. 음식을 충분히 먹고 편안한 잠자리까지 해결할 수 있었기 때문이다. 하지만 그건 우연히 생긴 행운이 아니라 앤드루의 특별한 노력 덕분이었다.

　앤드루는 뱃멀미에 시달리면서도 선원들을 유심히 관찰했다. 그리고 선원들이 잔심부름을 시키는 걸 좋아한다는 사실을 알게 되었다. 그래서 앤드루는 잔심부름거리들이 생기기 무섭게 선원들에게 달려갔고 선원들은 그런 앤드루를 무척이나 귀여워했던 것이다.

　"이 녀석은 눈치가 빨라서 참 좋아!"

　"그러게 말이야. 나한테 지금 뭐가 필요한지 아는 거 같아."

선원들은 어리지만 싹싹하게 구는 앤드루를 아주 마음에 들어 했다.

"이제 7주가 지났는데 뉴욕은 아직도 멀었나요?"

"왜? 배가 지겨우냐? 하긴 배에서 생활하는 게 지겹지 않을 리가 없지. 나도 육지가 미치도록 그리우니까 말이다."

"곧 항구가 보일 때가 됐으니까 조금만 기다려 보려무나."

"곧 항구가 보인다고요? 정말인가요?"

"이 녀석아, 내가 흰소리할 놈으로 보이냐? 이 배를 탄 게 몇 년인데 그걸 모를까!"

선원들의 말에 앤드루는 당장 선실로 뛰어가 부모님에게 소리쳤다.

"이제 곧 뉴욕이 보인대요! 어서 나와 보세요! 뉴욕에 다 왔다고요!"

카네기 식구들은 선실에서 갑판으로 나와 바다 멀리 수평선을 바라보았다.

식구들 모두 초췌해져 몰골이 말이 아니었는데 그나마 콜레라에 걸리지 않은 게 천만다행이었다. 곧 갑판 위에는 많은 사람들로 가득 찼다. 앤드루의 목소리가 배 안에 있던 승객 모두에게 퍼져 나갔기 때문이었다.

승객들 모두 앤드루의 식구들처럼 퀭하고 초췌한 몰골들이었지만 얼굴 가득 기대와 설렘을 담고 멀리 바다를 바라보았다.

마침내 수평선 끝에서 뉴욕의 모습이 아득하게 보였다.

"와아~!"

육지의 모습이 보이자 사람들은 일제히 함성을 지르며 서로를 부둥켜안았다.

사람들은 새로운 기회에 대한 희망으로 벅차올랐다. 그건 앤드루와 가족들도 마찬가지였다. 저 미국 땅에서는 더 이상 가난하지 않기를 기도했다.
　마침내 앤드루와 가족들은 뉴욕 항에 도착했다. 앤드루의 눈에 비친 뉴욕은 혼란과 어지러움 그 자체였다. 수많은 건물들과 북적거리는 인파는 시골에서만 살아 온 앤드루에게 무척이나 낯설고 복잡한 풍경이었다.
　며칠을 뉴욕의 변두리 여관에서 묵은 후 앤드루와 가족들은 최종 목적지인 피츠버그를 향해 다시 긴 항해를 시작했다.

　피츠버그는 펜실베이니아 주 서쪽에 위치한 곳으로 소금을 가공하는 염제와 철강 산업이 발달했고 석탄 자원이 풍부했다. 새로운 기회를 찾아 몰려든 이민자들이 이미 이 도시에서 살고 있어 아주 북적거렸다. 사람들은 대부분 나무로 된 집을 짓고 살았는데 앤드루의 가족이 이곳에 도착하기 2년 전 엄청난 화재로 인해 수만 명의 이재민이 발생하여 그때까지도 도시는 황량하기 이를 데 없었다.
　피츠버그에 도착한 앤드루의 가족은 어머니 마거릿의 여동생들이 살고 있던 앨러게니의 교외에 자리를 잡게 되었다. 그곳은 피츠버그 외곽에 위치한 지역으로 그나마 고향 던펌린과 비슷한 환경을 가진 곳이었다. 그곳에 도착하자 아버지 윌리엄은 베틀 하나를 빌려 즉시 옷감을 짓는 일에 착수했지만 상황은 여의치 않았다. 이곳 미국도 던펌린과 마찬가지로 수공으로 만든 천을 원하는 사람들이 별로 없었던 것이다. 그나마 어머니 마거릿이 근처 구두 가게에서 일을 해 돈을 벌어서 생계를 유지했다.

윌리엄은 실망감이 이만저만이 아니었다. 그도 그럴 것이 새로운 기회를 찾아 이곳까지 왔지만 이곳 미국도 스코틀랜드와 마찬가지로 사정이 나아진 게 전혀 없었던 것이다. 어쩔 수 없이 그는 수공업을 포기하고 근처의 방직 공장에서 급료가 낮은 근로자로 취직했다.

열세 살의 앤드루도 주위에 일자리를 알아보았다. 앤드루는 고생하는 부모님을 위해서라도 돈을 벌고 싶었다. 당시 대부분의 노동자 아이들은 열세 살 정도가 되면 일자리를 찾아 나서야 했다. 고등교육을 받을 여유가 없었던 것이다.

앤드루는 이왕이면 급료도 높고 좋은 작업 환경이 주어진 곳에서 일하고 싶었지만 열세 살짜리가 할 수 있는 일은 그리 많지 않았다. 더욱이 아무것도 모르는 어린아이가 높은 급료를 받는다는 것은 꿈같은 일이었지만 앤드루는 언젠가 자신이 반드시 그런 일을 하고 말 것이라는 희망을 잃지 않았다.

결국 앤드루가 취직한 곳은 아버지가 다니고 있는 방직 공장이었다. 그곳에서 매주 1달러 20센트의 급료를 받고 실 감는 일을 했다. 적고 보잘것없는 급료에 비해 하는 일은 무척 고된 것이었다. 새벽부터 밤늦게까지 일해야 했다. 그나마 아버지와 함께 일을 한다는 것이 위안이라면 위안이었다.

마침내 일주일이라는 시간이 지나 앤드루는 첫 급료를 받게 되었다.

일이 끝나는 시간이 되자 각 팀을 이끄는 조장 앞으로 일꾼들이 모여들었고 조장이 일일이 일꾼들을 확인한 다음 급료를 나눠 주었다. 앤드루는 두근거리는 마음을 억누르며 자신의 이름이 불리길 기다렸다.

"앤디. 여기, 그동안 수고했다."

앤디는 앤드루의 애칭이었다. 앤드루를 부른 조장이 앤드루에게 급료를 나눠 주었다.

1달러 20센트! 주급을 받아 든 앤드루의 가슴은 기차 바퀴가 굴러가는 것처럼 요동쳤다. 첫 급료를 받은 것이 아닌가! 그동안의 힘든 기억들이 씻은 듯이 사라지고 행복한 기운이 온몸으로 퍼져 나갔다.

열세 살의 나이에 사회생활을 시작해서 첫 급료를 받은 순간을 앤드루는 억만장자가 된 이후에도 생생히 기억했다. 그만큼 이것은 의미 있는 순간이었다.

아버지 윌리엄은 급료를 받은 앤드루를 따뜻한 미소로 맞았다. 그리고 툭툭 어깨를 두드리며 격려해 주었다.

앤드루는 집에 도착하자 곧장 자신이 받은 급료를 어머니에게 주었다. 많지 않은 돈이지만 앤드루의 급료는 생활비에 보태질 것이고 그만큼 부모님은 힘이 덜 들 것이라고 앤드루는 생각했다.

근면과 성실로 도약하다

일을 한 지 얼마 지나지 않아 앤드루는 주급이 2달러인 방직 공장으로 직장을 옮겼다. 주급이 높아진 만큼 앤드루의 일이 많아졌는데 앤드루는 그곳에서 증기 엔진과 보일러를 감독하는 일까지 겸하게 되었다.

어린 앤드루가 맡기에는 무척이나 벅차고 위험한 일이었다. 증기 보일러의 압력이 높으면 폭발할 위험이 있었기에 늘 바짝 신경을 곤두세우지 않으면 안 되는 일이었다.

하지만 앤드루는 악착같이 일에 매달렸다.

"난 항상 내게 좋은 일이 일어날 거라 믿어요. 그게 어떤 건지 모르지만 계속 열심히 일하고 도전하면 언젠가 내 앞에 나타날 거라 확신하고 있어요."

앤드루가 어머니에게 한 말이었다.

그런 앤드루의 믿음은 생각보다 빨리 그의 앞으로 다가왔다. 열심히 일하는 앤드루를 눈여겨보고 있던 존 해이라는 회사 직원이 새로운 일을 맡긴 것이다.

"앤디, 너 글을 잘 쓴다면서?"

존 해이는 앤드루가 글을 무척 잘 쓴다는 것을 이미 파악해 두고 있었다.

"오늘부터 넌 고객들에게 보낼 계산서를 작성하는 일과 통신 담당을 해 줘야겠다. 잘할 수 있겠어?"

"물론입니다. 맡겨만 주신다면 뭐든 열심히 하겠습니다."

새로운 일은 지금까지 해 온 일에 비하면 정신적으로나 육체적으로나 무척 편안했다. 무엇보다도 보일러가 터질까 하는 스트레스에 더 이상 시달리지 않아도 된다는 것이 앤드루는 무척이나 기뻤다.

하지만 계산서를 작성하는 일이 쉬운 것만은 아니었다. 무엇보다도 부기 시스템이라는 회사의 *회계장부를 작성하는 방법을 알아야 했기 때문이었다. 앤드루에게는 난생처음 겪는 생소한 문제였다. 앤드루는 곧 부기 시스템을 강의하는 야간 강좌를 신청하고 일이 끝나면 강좌를 들으러 다녔다. 그로 인해 앤드루는 잠잘 시간마저 줄여야 했다. 새벽부터 밤늦게까지 쉴 틈이라곤 없는 피곤한 일상이었지만 앤드루는 배우겠다는 욕심과 미래에 대한 희망으로 성실히 하루하루를 보냈다.

> **회계장부**: 개인이나 기업의 경제 활동, 즉 돈이 들어오고 나가는 상황과 관련된 자료를 기록하고 계산하는 장부.

어느덧 앤드루는 열다섯 살이 되었고 그사이 성실하고 열심히 일하는 유능한 직원으로 평판이 자자했다. 그에 대한 평판은 먼 곳까지 퍼지게 되었고 새로운 기회가 앤드루에게 찾아왔다.

"애틀랜틱 전보 사무실에서 일할 소년을 찾는데 앤디, 네가 와 주었으면 한다는 연락이 왔단다."

앤드루의 어머니가 저녁 식사 자리에서 말했다.

"전보 사무실이라고요?"

"이모부가 좀 전에 내게 전해 주고 갔단다. 생각이 있으면 가서 면접을 보라고 말이다."

"전보 회사 일은 너무 위험하지 않을까? 밤에도 심부름을 다녀야 하는데 거리엔 위험한 사람들이 너무 많아."

아버지가 근심스러운 표정으로 말했다. 아버지의 근심은 일리가 있는 것이었다. 당시 거리엔 술주정뱅이, 도박자, 부랑자들이 무척이나 많았는데 덩치가 작은 소년인 앤드루가 전보 업무를 본다면 그런 사람들과 마주칠 가능성이 많았기 때문이었다.

"하지만 내일 면접을 한번 봐야겠어요. 지금 다니는 곳보다 급료를 더 줄지도 모르니까요."

앤드루는 조금이라도 더 급료를 받을 수 있다면 그곳에서 일을 하고 싶었다. 앤드루는 그런 위험보다도 한 푼이 아쉬웠던 것이다.

면접은 금세 끝이 났다. 면접관들이 이미 앤드루의 평판을 익히 알고 있었다. 주급은 2달러 50센트로 결정되었다. 그것은 아버지가 받는 주급보다도 많은 돈이었다.

앤드루는 무척이나 행복했다. 당당히 사회의 한 사람이 된 것 같은 기분과 집안에 보탬이 된다는 사실이 더할 수 없이 기뻤던 것이다.

앤드루는 어머니가 마련해 준 흰 셔츠와 푸른 양복을 보며 두근거리는 마음으로 출근할 날을 기다렸다. 그곳 전보 회사는 앤드루의 인생에 있어서 가장 큰 전환점으로, 억만장자로 가는 첫 번째 계단이 된 곳이다. 물론 당시 앤드루는 그 사실을 알 리가 없었다. 다만 늘 하던 대로 열심히 성실하게 일할 준비가 충만해 있었다.

마침내 앤드루는 어머니가 정성껏 손질해 준 옷을 입고 전보 회사로 출근했다.

"안녕하십니까? 처음 뵙겠습니다. 오늘부터 여기서 일하게 된 앤드루 카네기입니다. 편하게 앤디라고 불러 주십시오."

앤드루는 회사에 있는 사람들에게 공손히 인사를 하며 자신을 소개했다.

"뭐야? 완전 꼬마 아냐?"

"그러게. 이거 애들이 하기엔 어려운 일이거든! 그러니까 그냥 돌아가지?"

"하하하하!"

사무실에 있던 사람들이 앤드루가 작고 어린 것에 트집을 잡았다.

"근데 앤디라고 했냐? 너 피츠버그 출신이 아니라며?"

"예. 2년 전에 이곳으로 이사 왔어요."

"그럼 피츠버그 시내는 잘 알고 있는 거냐?"

"아뇨. 별로 돌아다니지 못해서 아는 곳이 거의 없는데요."

"와하하하! 다들 들었냐? 피츠버그에 대해서 아는 게 없대! 도대체 사장님은 왜 저런 녀석을 뽑은 거지?"

"내 말이! 한 일주일이나 버틸라나?"

앤드루는 다른 직원들이 자신을 비아냥거리는 이유를 2~3일이 채 지나기도 전에 깨달을 수 있었다.

전보 회사의 일은 말 그대로 전보를 전해 주는 심부름이었다. 신속하고 정확하게 전보를 전해 주기 위해서는 피츠버그 시내를 잘 알아야 했을 뿐만 아니라 전보를 자주 이용하는 고객들을 잘 파악해야만 했다. 예를 들어 피츠버그의 법조인이나 공직자, 그 밖의 주요 인사들이 바로 그 대상이었는데 그들의 집이나 직장의 위치까지 빠짐없이 꿰고 있어야만 했다. 따라서 피츠버그 시내가 어떻게 생겼는지도 잘 모르는 앤드루에겐 무척이나 어려운 일이었다. 직원들이 앤드루를 놀린 건 바로 그 때문이었다.

그 문제를 해결할 수 있는 방법은 한 가지뿐이었다. 피츠버그 시내를 직접 돌아다니며 시내의 지형이 어떤지 알아보고 주요 인사들의 이름과 인적 사항, 저택과 직장까지 빠짐없이 외우는 것이었다.

전보의 생명은 신속과 정확이었다. 그러기 위해서는 가장 빨리 전보의 주인에게 내용물이 전달될 수 있도록 만반의 준비를 해 놓아야 한다. 반복해서 외우고 위치를 파악하는 게 가장 확실하고 유일한 길이었다. 앤드루는 대부분의 시간을 그것에 쏟아부었다.

그러자 서서히 효과가 나기 시작했다. 앤드루는 제일 늦게 전보를 전달해 주는 직원에서 불과 석 달도 안 되어 가장 빨리 전보를 전달하는 직원이 되었다.

앤드루는 전보에 적혀 있는 이름만 보고도 그 사람이 누구이며 지금쯤 어디에 가면 만날 수 있을지 정확하게 파악했다.

"앤디, 윌킨스 씨 지금 어디 있는지 알아?"

"윌킨스 씨라면 지금이 오후 3시니까 분명 재판 중일 거예요. 법원으로 가면 만나실 수 있을 거예요."

"알았어, 고마워!"

"나는 스탠튼 씨를 만나야 하는데······."

"스탠튼 씨는 지금 강연 중이에요. 학교로 가면 만나실 수 있어요."

직원들은 많은 사람들을 꿰고 있는 앤드루에게 정보를 얻지 않을 수 없었다.

앤드루는 회사의 간부들뿐만 아니라 전보를 전달받는 사람들에게까지 인정을 받았다. 그러한 인정은 유명 인사들과 어울릴 수 있는 기회를 만들어 주었다. 바로 윌리엄 코울리, 존 핍스, 토머스 밀러 등 모두 자수성가로 부와 명예를 일군 사람들이었다. 앤드루는 그들과 어울리며 그들이 성공할 수 있었던 많은 경험과 지식 들을 얻을 수 있었다. 앤드루에게는 그 어떤 것보다도 커다란 행운이었다.

 그들뿐만 아니라 전보를 전해 주는 일의 특성상 앤드루는 많은 사람들을 만나야 했다. 다양한 직업과 다양한 성격의 사람들을 상대했던 경험은 앤드루에게 사람들을 꿰뚫어 보는 통찰력을 키워 주었다.

 사업을 하는 데 있어 사람을 쓰는 일은 그 어떤 일보다도 중요한 일이다. 사람을 어떻게 쓰느냐에 따라 사업이 망하기도 하고 반대로 흥하기도 한다. 따라서 사람에 대한 통찰력은 사업가에게 있어 가장 필요한 조건 중 하나이다.

 앤드루는 많은 사람들을 상대하면서 사람에 대한 통찰력을 자연스럽게 터득해 나갔던 것이다.

제이의 삐뚤어진 꿈

 한편, 제이 굴드는 철물점을 운영하는 아버지 덕택에 부유하지는 않았지만 극도로 가난한 것도 아니어서 호바이트 아카데미라는 학교를 다니고 있었다. 그 학교에는 부잣집 자제들로 이루어진 패거리들이 있었는데 이들은 함께 몰려다니며 많은 학생들을 못살게 괴롭혔다.

 하루는 늦게 집으로 돌아가던 제이가 빈 교실에서 여학생을 괴롭히고 있는 패거리들을 보게 되었다. 싸움을 곧잘 하던 제이가 교실 안으로 뛰어 들어갔다.

"앤을 건드리지 마!"

여학생은 제이와 같은 마을에 사는 의상실 집 딸로, 친하지는 않았지만 제이는 내심 예쁜 모습의 앤을 짝사랑하고 있었다.

"뭐야, 이 자식은?"

제이의 경고에 그만둘 녀석들이 아니었다. 그 녀석들은 네 명이나 되었고 아무도 자신들이 하고자 하는 일에 방해를 받아 본 적이 없었다.

"참견하지 말고 꺼져, 이 자식아!"

패거리들 중 한 명이 소리를 지르며 제이에게 발길질을 하려고 했다. 하지만 제이의 주먹이 더 빨리 그 녀석의 얼굴을 강타했다.

퍽!

"어이쿠!"

우당탕탕!

발길질을 하려던 녀석이 비명과 함께 나뒹굴었다.

"이 자식이……. 우리가 누군지 알아? 너 죽었어!"

남아 있는 패거리들이 살기등등하게 제이에게 달려들었다.

빠바바박!

하지만 제이의 주먹과 발이 전광석화처럼 패거리들을 차례로 강타했다.

얼굴이 찢어지거나 코피가 터져 피를 흘리며 패거리들이 쓰러졌다. 제이의 주먹에 흠씬 두들겨 맞은 패거리들이 널브러지자 제이는 앤을 집으로 데려다 주었다.

하지만 얼마 지나지 않아 경찰들이 제이의 집으로 들이닥쳤다. 자기 자식들을 때린 패거리의 부모들이 제이를 경찰에 신고했던 것이다.

"난 잘못이 없어요! 앤을 괴롭히고 있던 건 그 녀석들이에요. 난 앤을 구한 것뿐이라고요!"

제이는 경찰에게 열심히 상황을 설명했지만 경찰은 그 말을 믿으려 하지 않았다. 패거리의 부모들이 지역의 유지나 부자 들이었기에 제이의 편을 들어줄 경찰은 없었다.

이제 앤이 어떻게 증언하느냐가 중요한 관건이 되었다. 제이는 앤이 있는 그대로 증언해 줄 것이라고 믿었다. 앤을 구해 준 건 자신이 아니던가!

하지만 제이의 믿음은 다음 날 경찰서에 나타난 앤의 증언에서 산산조각이 나 부서져 버렸다.

"제가 아는 건 교실에서 제이가 다른 아이들과 싸우고 있는 걸 본 것뿐이에요. 저하곤 아무 상관이 없어요."

제이에게는 처절하고 뼈아픈 배신이었다.

앤은 의상실을 운영하는 그녀의 부모로부터 압력을 받은 게 분명했다. 앤의 부모는 자칫 의상실 영업에 지장이 있을까 걱정했던 것이다.

상황이 불리해진 제이는 패거리 부모들을 찾아가 무릎을 꿇고 선처를 빌어야 했고 자신의 주먹에 쓰러졌던 패거리들에게 걷기도 힘들 정도로 두들겨 맞아야 했다.

 "감히 거지 같은 자식이 우릴 건드려? 그러고도 무사할 것 같아?"
 "너 같은 놈은 우리가 때려죽인다 해도 아무도 상관하지 않아! 왠지 알아? 너와 난 신분이 달라, 알아? 거지 같은 자식아!"
 "우리에게서 용서받고 싶으면 우리의 다리 밑으로 기어라! 어서! 기어!"
 제이는 온통 피투성이가 된 채로 그들의 다리 밑으로 기어가면서 지금의 치욕을 고스란히 뼈마디에 새겨 놓았다. 그리고 어떻게 해서든 부자가 되겠다고 다짐하고 또 다짐했다. 그래서 지금 받은 멸시를 반드시 돌려줄 것이라고 말이다.

제이는 더 이상 사람을 믿지 않게 되었다. 앤에게서 받은 상처가 너무 컸던 것이다.

더 이상 학교를 다닐 수 없게 된 제이는 학교를 그만두고 아버지의 철물점을 돕기 시작했다.

3. 사람들이 나를 좋아할 수 있게 만들어라

사람은 누구나 다른 사람에게 존중받고 싶어 한다.
그러기 위해서는 먼저 남을 존중할 줄 알아야 한다.
남을 존중한다는 것은 곧 나를 존중하는 것과 같기 때문이다.
남을 존중할 줄 아는 사람을 싫어하는 사람은 어디에도 없다.

모두가 신뢰하는 소년

앤드루는 자신의 사업 역사에 있어서 재정 문제를 다룬 첫 번째 경험을 하게 된다. 그것은 전보 회사에서 심부름을 하던 동료들과 잡무를 하던 소년들이 받았던 팁에 관한 것 때문이었다. 이들은 전보 심부름뿐만 아니라 사무실 청소나 전선 수리 또는 음식이나 꽃 배달까지 했는데 그럴 때면 그들은 종종 팁을 받았다.

문제는 다들 팁을 잘 받을 수 있는 업무를 하기 위해서 경쟁하기 시작했고 동료들 사이에서 갈등이 일어났던 것이다.

"꽃 배달은 여기 최고참인 내 일이야, 알겠어? 누구든 내 일을 가로채는 녀석은 용서하지 않을 거야!"

"그런 게 어디 있어? 시간이 되는 사람이 하는 건데!"

"맞아! 팁을 많이 주는 일이라고 고참이 모두 독차지한다는 건 있을 수 없는 일이야!"

"그래서 내게 덤비겠단 거야?"

"우리끼리 이럴 게 아니라 앤디에게 방법을 물어보는 게 어때?"

"맞아. 그 녀석이라면 공평하게 할 수 있는 방법을 찾을지 모르니까."

동료들은 앤드루를 데리고 와서 그의 의견을 물었다. 앤드루는 눈을 반짝이며 말했다.

"이렇게 하면 어때? 받은 팁을 모두 모아서 매주에 한 번씩 공평하게 나누는 거지."

"좋아. 그럼 앤디, 네가 이 일의 회계사가 되어 돈을 관리해."

"그래. 앤디, 네가 회계 일을 맡는다면 난 찬성이야!"

"나도!"

동료들은 앤드루의 의견을 수용하기로 하고 앤드루에게 회계 일을 맡겼다. 정직한 앤드루가 계산을 정확히 해야 하는 회계 일을 맡는 것에 그 누구도 반대하지 않았다. 그만큼 다들 앤드루를 신뢰했던 것이다.

앤드루를 신뢰한 건 동료들뿐만이 아니었다. 회사의 매니저인 존 글라스도 앤드루를 무척이나 신임했다. 그는 앤드루가 열심히 일하는 것을 늘 눈여겨봐 왔다.

앤드루는 누구보다 먼저 회사에 출근했고 늘 제일 늦게까지 사무실에 남아 있었다. 업무를 처리하는 것도 아주 꼼꼼하여 감탄하기에 충분할 정도였다.

앤드루는 자신이 교육을 많이 받지 못했다는 것을 잘 알고 있었기 때문에 그런 약점을 채울 수 있는 것은 성실과 근면이라고 생각했다. 언제 어디서고 열심히 일하는 사람들은 살아남을 수 있다는 것이 앤드루의 믿음이었다.

존 글라스는 외부에 일이 생겨 사무실을 비우게 되면 앤드루에게 사무실을 감독할 수 있도록 부탁했다. 그것은 무척이나 중요한 기회였다. 사무실을 감독하게 되면서 전보 업무의 다양한 부분과 실무 들을 터득할 수 있게 되었기 때문이다. 말하자면 전보 업계에서 전문가가 될 수 있었던 것이다.

앤드루는 회사에서 승승장구했고 그만큼 급료도 늘어났다. 그동안 모은 돈으로 미국에 이주해 정착할 때 친척에게 빌렸던 돈을 갚을 수 있게 되었다.

"앤디, 네가 번 돈으로 앨리에게 빌렸던 돈을 모두 갚을 수 있었단다. 오늘은 우리에게 아주 기쁜 기념일이란다. 드디어 빚에서 해방된 날이기 때문이야. 이 엄마는 네가 정말이지 자랑스럽구나."

어머니는 눈물을 글썽거리며 앤드루의 손을 잡아 주었다.

어머니가 기뻐하는 모습은 앤드루에게 그 어떤 것보다 더 큰 용기였고 자부심이었다. 앤드루는 늘 어머니가 편안한 생활을 할 수 있을 정도의 돈을 벌고 싶었는데 그 꿈이 이제 조금씩 실현되고 있었다.

그러나 모든 것이 순조롭게 풀린 것은 아니었다. 회사 직원들은 앤드루를 보는 눈이 곱지 않았다. 어쩌면 그건 당연한 일인지도 모른다.

아직 나이도 어리고 인물도 볼품없으며 고등교육도 받지 못한 앤드루가 회사에서 승승장구하고 있는 것이 무척이나 못마땅했던 것이다. 질투였다.

직원들은 알게 모르게 앤드루를 따돌렸고 잘 어울리려고 하지 않았다. 앤드루 역시 그런 직원들의 행태를 눈치챘지만 전혀 개의치 않고 자신이 해야 할 일만을 바라보며 해 나갔다.

주위 사람들의 기분을 맞추는 데 시간을 쓰기보다는 자신의 경쟁력을 높이는 데 시간을 투자하고 싶었던 것이다.

배움의 열매를 얻다

앤드루는 전보에 필요한 전신 기술과 작동 언어 등을 공부하기 시작했다.

당시의 전보라고 할 수 있는 메시지 송신 시스템은 꽤 복잡했다. 이 시스템은 새뮤얼 모스라는 사람이 발명한 모스 코드로 점과 선을 조합하여 문자와 기호로 메시지를 나타내는 모스 부호를 이용했다. 이 모스 코드의 신호로 각기 다른 점과 선이 종이테이프에 찍혀 나왔고, 통신사가 이것을 글로 해석해야 했다.

앤드루는 유능한 통신사들 중에서 종이에 찍힌 신호를 읽고 메시지를 해석하는 게 아니라 모스 코드의 소리만 듣고도 메시지를 해석할 수 있다는 소리를 들었다. 소리만 듣고도 메시지를 해석할 수 있는 능력을 기르기 위해 앤드루는 매일 새벽까지 모스 코드를 연구하고 훈련했다.

실력을 갈고닦은 앤드루는 드디어 회사에서 특별 시범을 보일 기회를 잡았다.

"이야기 들었어? 조금 후에 앤드루가 소리만으로 모스 코드를 해석하겠다고 했다더군."

"뭐? 아무튼 가지가지 하는구먼! 종이에 찍혀 나오는 신호도 해석하기가 쉽지 않은데 소리만 듣고 그게 가능하겠어?"

"맞아! 카네기 그 녀석이 자신의 능력을 자랑하고 싶어서 말도 안 되는 소문을 퍼트리는 거지! 원래 나서기 좋아하는 녀석이니까!"

"바로 1시에 시범을 보인다니까 사실인지 아닌지 알 수 있겠지."

"하하하하! 정말 어처구니가 없는 녀석이라니까. 무슨 망신을 당하려고 시범까지 하려는 거지?"

"내 말이! 그 녀석 똥 씹은 표정이 무척 기다려지는군."

　1시가 되자 앤드루를 비웃는 직원들이 속속 전보 기계가 있는 전보실 안으로 몰려들었다. 그중에는 직원들뿐만 아니라 회사 간부들도 함께 있었다. 정말 소리만 듣고도 메시지의 내용을 해석할 수 있는지 무척 궁금했던 것이다.
　뚜~ 뚜뚜뚜~~~ 뚜~
　전보 기계가 빠르게 소리를 쏟아 내기 시작했다.
　앤드루는 진지하게 그 소리를 듣고 있었고, 방 안을 가득 메운 사람들은 숨을 죽인 채 이 모습을 바라보았다.
　모스 코드의 소리가 멈췄다.
　"J.C. 매덕스에게 도착한 메시지로, 뉴욕에 있는 아버님이 돌아가셔서 장례를 치르려고 하니 뉴욕으로 빨리 오라는 내용입니다."
　모스 코드 소리가 멈추기 무섭게 앤드루는 코드에 담긴 내용을 사람들에게 설명했다.
　그때야 좀 전에 송신한 코드 내용이 담긴 종이가 인쇄되어 나왔다. 사람들은 모두 인쇄된 종이를 들고 있는 통신사를 바라보았다.
　과연 앤드루가 소리만 듣고 해석한 내용이 맞는 것인지!
　"메시지의 내용은 J.C. 매덕스 님에게 도착한 것으로, 앤드루가 말한 대로 뉴욕에 있는 아버님이 돌아가셨다는 내용입니다. 정확합니다."
　통신사가 앤드루가 설명한 내용이 맞다고 확인하자 사람들의 얼굴이 창백해졌다.

"아무래도 우연인 것 같은데! 부모님이 돌아가셨다는 전보는 가장 많이 오는 전보잖습니까? 안 그래요?"

앤드루를 비웃던 직원들은 사실을 보고도 믿으려 하지 않았고 우연으로 여겼다.

앤드루는 또 한 번 그들 앞에서 똑똑히 자신의 능력을 보여 주었다. 믿고 싶지 않았지만 믿지 않을 수 없는 결과가 직원들의 눈앞에 펼쳐졌다.

직원들은 더 이상 아무 말도 못한 채 딱딱하게 굳은 얼굴로 서 있었다. 앤드루가 아니라 자신들이 말 그대로 똥 씹은 표정이 된 것이다.

그 일이 있고 난 후 앤드루는 그린스버그에서 전보 통신사로 일할 수 있는 특권이 주어졌고 회사의 총경영인까지 소개를 받았다.

급료도 매달 25달러로 대폭 인상되었다. 앤드루는 이제야 스스로 어느 정도 남자 역할을 할 수 있는 경제적인 능력을 가졌다는 생각에 우쭐해졌다.

어쩌면 그건 당연한 일이었다. 매달 25달러의 급료를 받을 수 있는 열여덟 살짜리는 세상에 그리 많지 않았다. 앤드루는 자신이 부자가 된 것 같은 기분이었다.

초심으로 돌아가다

어느 날 앤드루는 윌링 시로 전보를 전달하기 위해서 급히 움직였다. 곧 날이 저물기 때문에 서둘러야 했다. 하지만 며칠 전에 내린 큰 비로 오하이오 강이

범람하여 강을 건널 수 있는 보트가 없었다.

"돈을 얼마든지 낼 테니 강을 건널 수 있는 보트를 찾아 주십시오."

"죄송합니다. 보트가 있다고 해도 지금은 물살이 너무 세서 도저히 강을 건널 수 없습니다. 내일 물이 빠지면 보트를 구할 수 있을 테니 내일 건너는 수밖에 없습니다."

앤드루는 보트를 구하기 위해 애를 썼지만 결국 구할 수가 없었다.

날도 저물어 어쩔 수 없이 이곳에서 하루를 지내기 위해 앤드루는 호텔로 발길을 돌렸다. 호텔로 향하던 길가에는 허름한 건물의 처마가 있었는데 한 중년의 사내가 쭈그리고 앉아 있었다.

호텔에서 지낼 비용은커녕 주머니에 한 푼도 없었던 중년의 사내는 그렇게 밤을 보낼 요량이었다. 호텔로 향하던 앤드루는 쭈그리고 앉아 있는 중년 사내의 얼굴을 보고는 걸음이 자석처럼 딱 멈춰 버렸다.

그 사내는 바로 앤드루의 아버지 윌리엄이었던 것이다.

"아…… 아버지가 어떻게 이런 곳에!"

아버지 역시 이런 곳에서 아들을 보게 될 줄은 꿈에도 생각지 못했는지 무척이나 놀란 표정이었다.

"틈틈이 만든 식탁보를 팔기 위해 윌링에 가려는데 강물이 불었다지 뭐냐. 여긴 호텔비가 너무 비싸더구나. 하룻밤을 보내는 게 뭐가 그리 대단하다고……. 난 그렇게 비싼 호텔비를 낼 수가 없단다."

아버지가 이곳에서 밤을 보내려는 이유는 주머니에 돈이 한 푼도 없어서라는 걸 앤드루는 잘 알고 있었다. 아직 식탁보를 팔지 못했기에 돈이 있을 리가 없었다.

앤드루는 무척이나 가슴이 아팠다. 아버지는 그렇게 길거리에서 잠을 자며 열심히 일을 하고 있었다. 그런데 자신은 벌써 부자가 됐다고 생각하다니 부끄럽기 이를 데 없었다.

"아버지, 제가 꼭 약속할게요. 언젠가 어머니와 함께 전용 보트를 타고 다니게 해 드릴 거라고요."

"앤디야, 넌 이미 내 보물이란다. 난 늘 네가 자랑스럽다."

"아버지!"

아버지는 앤드루를 꼬옥 안아 주었다. 아버지의 말은 거짓이 아니었다. 어린 나이에 사회 생활을 하며 사람들로부터 인정을 받고 돈도 잘 버는 앤드루는 아버지에게 늘 자랑스러운 아들이었다. 다만 자신이 능력이 없어 앤드루를 좀 더 교육시키지 못하고 풍요한 삶을 펼쳐 주지 못한 게 늘 마음에 걸렸다.

앤드루는 아버지의 모습을 보고 자신이 부자라는 자만심을 한 방에 날려 버렸다. 한 푼을 아끼기 위해 길거리 처마 밑에서 잠을 청하는 아버지의 모습에서 아직도 갈 길이 멀었고 부지런히 일을 해야 한다는 것을 뼈저리게 느끼지 않을 수 없었던 것이다.

앤드루는 스스로 나약하고 나태해졌다고 느낄 때면 그날 처마 밑에 쭈그리고 있던 아버지를 떠올리며 자신을 채찍질했다. 그런 굳은 의지는 앤드루에게 또 다른 절호의 기회를 제공해 주었다.

불타오르는 제이의 야망

제이 굴드에게는 반드시 이루어야 할 꿈이 있었다.

자신을 그토록 비참하게 만들어 버린 부자! 바로 그 부자가 되어 세상에 복수하는 것이었다.

그 모든 사람이 자신 앞에 머리를 숙이고 무릎을 꿇게 만들고 싶었다. 하지만 그런 건 꿈을 꾼다고 다 이루어지는 게 아니란 걸 제이는 잘 알고 있었다.

제이는 철물점 일을 도우며 측량과 수학 등을 공부했다. 또한 장부를 정리하는 데 필요한 회계도 공부하기 시작했다.

"철물점에 다닌다면서 도대체 따분하고 어려운 수학을 왜 공부하는 거야?"

"돈을 벌어야 하니까."

제이는 같이 철물점 일을 하는 직원의 질문에 그렇게 대답했다.

"그러니까 돈을 버는데 왜 수학을 공부하는 거냐 이 말이야."

"세상의 모든 돈은 숫자로 쓰이고 전해지고 표현돼. 그러니까 수학을 모르면 돈을 알 수 없게 되는 거야."

"뭐라는 거야? 그럼 측량은 왜 배우는 건데?"

"돈 많은 사람이 제일 많이 가지고 있는 게 뭔지 알아?"

"돈 많은 사람들이 제일 많이 가지고 있는 거? 그게 뭐지?"

"땅!"

"땅? 자, 잠깐……. 하긴 그러고 보니 부자들 중에는 땅이 없는 사람이 없지. 맞아, 다들 엄청난 땅을 가지고 있어. 집을 많이 가진 부자들도 많고 말이야."

"그래서 측량을 공부하는 거야. 측량으로 그 땅을 재고 자르고 가치를 판단할 수 있으니까."

제이가 이번엔 물었다.

"네가 보기에 부자들이 놀고먹는 거 같지?"

"뭐, 우리처럼 일하지는 않지."

철물점 직원은 제이가 그토록 눈빛을 빛내며 말하는 것을 여태 본 적이 없었다.

"천만에! 세상에 게으른 부자는 없어. 부자들은 우리처럼 열심히 일하지 않는 게 아니라 우리가 하는 철물점 일과 같은 걸 하지 않는 거야. 대신 그들은 다른 일을 하지. 우리처럼 죽어라고 일을 하지 않아도 돈을 벌 수 있는 그런 방법을 찾아 끊임없이 연구하고 노력하지. 그러니까 부자가 되려면 그들처럼 공부하지 않으면 안 되는 거야."

철물점 직원은 멍하니 제이를 바라보았다.

같은 나이였지만 직원은 한 번도 제이처럼 그런 생각을 해 본 적이 없었다. 그저 시간에 맞춰 출근하고 일을 하다가 업무 시간이 끝나면 퇴근하는 게 다였다.

"아무튼 제이, 넌 특이한 녀석이라니까."

직원은 애써 제이를 이상한 녀석으로 치부하며 돌아서 걸어갔다. 그렇게라도 하지 않으면 왠지 자신이 무척 초라해지는 기분이었던 것이다.

제이는 그것에 그치지 않고 아버지에게 철물점을 그만두겠다고 말하고는 목재소에 취직했다. 그곳에서 어느 정도 일을 배우고 난 후,

> **금맥** : 금이 저장된 광맥.
> **시추공** : 지질 조사나 광물을 탐색하기 위해 뚫어 놓은 구멍.

제이는 가죽 공장에서의 업무를 시작으로 은행 일까지 많은 사업들을 배우고 돌아다녔다.

마치 *금맥을 찾기 위해 여러 군데에 *시추공을 뚫어 보는 것처럼 제이는 돈을 잘 벌 수 있는 방법을 찾아 다양한 경험을 했던 것이다.

그런 노력들은 드디어 빛을 보기 시작했다. 제이 굴드에게 기회가 왔던 것이다.

4. 기회는 만들어 가는 것이다

배움을 탐하라. 그러면 기회가 열릴 것이다.
사람이 무언가를 배우면 오래지 않아
그 배움을 활용할 기회가 오는 법이다.

철도 업계로 첫발을 내딛다

끼이익!

앤드루가 일하고 있는 사무실 문이 열리고 말쑥하게 차려입은 신사가 안으로 들어왔다.

"여기 앤드루 카네기 씨가 있다고 하던데 어디 가면 만날 수 있는지 말해 주겠소?"

곧 앤드루가 자신을 찾는 신사 앞으로 왔다.

"제가 앤드루 카네기입니다."

앤드루가 인사를 하며 자신을 소개했다.

"오호! 자네가 카네기인가? 소문은 익히 들었네만 무척 젊구먼그래."

앤드루의 나이 이제 열여덟. 더구나 무척이나 동안이었던 앤드루는 명성에 비해서 너무 어려 보여 앤드루를 처음 보는 사람들은 깜짝 놀라지 않을 수 없었다. 말쑥한 신사 역시 마찬가지였다. 단단히 준비했음에도 무척이나 놀라는 눈치였다.

"그런데 누구신지? 무슨 일로 저를 찾으셨습니까?"

"이런, 미안하네! 자네 얼굴을 보다 내 소개를 잊었구먼. 난 토머스 A. 스콧이라고 한다네. 자네에게 말할 게 있는데 시간을 내 주겠나?"

"지금은 근무 중입니다만……."

"아네. 불쑥 찾아와서 근무 중에 시간을 뺏을 순 없지. 근처 음식점에서 일이 끝날 때까지 기다리겠네. 어떤가? 시간을 내 줄 텐가?"

"물론입니다. 일이 끝나는 대로 그리 가겠습니다."

토머스라고 하는 남자가 음식점으로 가서 앤드루의 일이 끝나기를 기다리는 동안, 앤드루는 토머스에 대해서 알아보았다.

전혀 모르는 것보다는 약간이라도 정보를 가지고 상대방을 대하는 편이 훨씬 이야기하기가 수월하다는 것을 앤드루는 잘 알고 있었다.

토머스 스콧은 펜실베이니아 철도 업계에서 이미 대단한 입지를 다지고 있는 사업가였다. 농부의 아들로 태어나 자신의 길을 개척하여 성공을 일군 유능한 지도자인 그는 철도 사업에 전보 시스템을 도입하기 위해 전보 통신사를 필요로 하고 있었다.

그리하여 앤드루의 평판을 익히 알고 있던 토머스가 앤드루를 찾아오게 되었던 것이다.

"난 말일세. 철도에 전보 시스템을 결합하면 승객들에게 더없이 훌륭한 서비스가 될 거라 생각하네. 그렇게 되면 승객들은 더욱 늘어날 것일세. 어떤가? 나와 함께 일을 해 보지 않겠나? 월급으로 매달 35달러를 주겠네."

앤드루는 토머스의 제안에 선뜻 대답할 수 없었다. 그것은 앤드루에게 또 다른 기회가 될 거라는 것을 알았고, 늘 기회 앞에서 주저하는 법이 없는 앤드루였지만 신중해야 한다는 걸 알고 있었다.

"하루만 시간을 주시겠습니까?"

"물론일세. 충분히 생각해 보고 대답해 주게나."

토머스와 헤어진 앤드루는 곧장 집으로 가서 부모님과 함께 토머스의 제안에 대해 의논했다.

어머니 마거릿은 다소 부정적이었다. 마거릿은 지금까지 훌륭하게 해 오고 있는 직업을 버리고 완전히 새로운 일을 한다는 게 무척 불안했던 것이었다.

하지만 앤드루의 생각은 달랐다.

"스콧 씨의 제안을 받아들인다면 전 완전히 모험을 하게 될 거예요. 하지만 전 새로운 일에 도전해 보고 싶어요. 무엇보다도 철도는 앞으로 장래가 무궁무진해요. 그래서 그쪽 일을 배워 두면 분명히 제게 큰 도움이 될 거라는 것이 저의 판단이에요."

앤드루의 주장도 일리가 있었다.

그때, 누군가 앤드루의 집 대문을 두드렸다. 나가서 열어 보니 앤드루가 지금 다니고 있는 회사의 매니저였다. 그는 앤드루에게 누군가 찾아왔다는 소식을 듣고 그 손님이 앤드루에게 새로운 제안을 할 것이라는 것을 바로 알아차렸다. 유능한 전보 통신사를 잃을 수 없었던 매니저가 부리나케 앤드루의 집으로 찾아온 것이다.

"400달러! 연봉 400달러를 주겠네! 어떤가? 이 정도면 많은 금액이라는 것을 자네도 알 것이네. 계속 일을 해 주지 않겠나?"

400달러는 적은 돈이 아니었다. 당시 4~5인 가족이 넉넉히 살 수 있는 집 한 채를 550달러 정도면 살 수 있었으니 400달러가 어느 정도의 금액인지 짐작해 볼 수 있을 것이다. 하지만 앤드루는 확답을 하지 않은 채로 매니저를 돌려보냈다.

매니저가 돌아가고 난 후 가족 내부에서는 여러 가지 의견들이 나왔다. 하지만 결국 앤드루의 결정에 따르기로 결론을 내렸다.

토머스 쪽에서도 한 달에 35달러 급료를 주겠다고 약속했으니 연봉 400달러가 넘는 돈이었다. 서로 비슷한 금액을 제시했기에 가족들로

서도 굳이 고집을 피울 이유가 없었던 것이다.

 다음 날 아침, 앤드루는 여느 때와 같이 밝은 모습이었다.
 이미 어떤 결정을 내린 게 분명해 보였다. 어머니는 앤드루를 보고는 어떤 결정을 한 건지 묻지 않기로 생각했다. 분명 훌륭한 결정을 했을 거라 믿어 주기로 마음먹은 것이다. 늘 놀라운 결과를 만들어 내는 자랑스러운 아들이 아니던가!
 집을 나온 앤드루는 곧장 토머스가 묵고 있는 호텔로 향했다. 앤드루는 새로운 일을 해야 한다는 자신의 판단을 믿기로 결정했다.

 철도와 관련된 일을 하는 것은 앤드루에게 완전히 새로운 세계나 다름없었다. 특히 거친 철도 노동자들과의 만남은 앤드루에게 일종의 문화적 충격이었다. 전직 뱃사람이거나 금을 캐던 사람, 영어에 익숙지 않은 사람, 범죄를 저질렀던 사람 등 온갖 종류의 사람들이 뒤섞여 있었고, 그들이 사용하는 언어는 거칠기 그지없었다. 하지만 앤드루는 그곳에서 무엇을 해야 할지 잘 알고 있었다.
 앤드루는 우선 철도에 대한 공부를 시작했다. 이왕 철도 업계로 직업을 옮긴 이상 철도의 구석구석을 알아야 한다고 생각했다. 당시 기차를 움직이던 증기 기관이나 복잡하게 연결된 선로까지 모두 머릿속에 집어넣기 위해 일이 끝난 후에도 사무실에 남아 밤늦도록 연구했다. 같은 사무실을 쓰고 있던 토머스는 그런 앤드루의 열정이 무척이나 흐뭇했다.

앤드루의 놀라운 기지

당시 철도는 지금처럼 여러 선로들이 체계적으로 완벽하게 정리된 것이 아니어서 사고가 무척이나 많이 일어났다. 기차가 어지러운 선로들 사이에서 엉키거나, 화물 열차와 여객 열차가 부딪치는 일도 종종 일어났다.

하루는 토머스가 외곽에서 일어난 사고를 해결하기 위해 자리를 비운 사이, 선로가 뒤엉켜 기차들이 멈춰 서는 일이 벌어졌다. 이럴 경우 자칫 무리하게 운행을 하다가는 기차들끼리 정면으로 부딪치는 대형 사고가 날 수 있었다. 그렇다고 기차 운행을 모두 멈춰 버린다면 회사에 막대한 손실이 날 수밖에 없었다.

앤드루는 재빨리 선로 상태를 점검하고 기관사들에게 운행 명령을 내렸다.

"뭐라고요? 그러다 사고가 나면 당신이 책임질 거요?"

다른 직원들은 앤드루의 결정에 무척 놀랐다. 막중한 책임을 져야 하는 일에 일개 직원이 함부로 나서는 일은 거의 없었기 때문이었다.
　"그래요. 내가 책임질 거예요. 그러니 기차들을 지금 즉시 운행하도록 하세요."
　앤드루는 기관사들에게 운행 명령을 내려 기차들을 움직이게 했다.
　다행히 기차들이 부딪치는 일이 없었다. 선로가 엉켰던 것은 화물 기차 한 대 때문이었다. 화물 기차의 기관사가 선로를 잘못 보고 기차를 운행한 것이었는데 앤드루는 그 점을 잘 파악하고 운행 명령을 내렸던 것이다.

토머스가 사무실로 돌아오자 그 일은 바로 보고되었다.

"그런가? 앤디가 그런 명령을 내렸단 말이지?"

"그렇습니다. 자칫 큰 사고가 날 수도 있었습니다."

"알겠네. 그만 돌아가 보게."

토머스에게 보고를 한 직원은 곧 앤드루가 그에게 불려가 크게 질책을 당할 거라 생각했지만 토머스는 앤드루를 부르지 않았다. 대신 그는 다음 날 사무실에 놀러 온 자신의 친구와 앤드루에 관한 이야기를 주고받았다.

"하하하하! 자네, 내 밑에 있는 스코틀랜드 악마가 어제 무슨 일을 저질렀는지 아는가?"

"카네기, 그 어린 친구 말인가?"

"맞아. 그 친구가 어제 멈춰 선 기차들을 다시 달리게 했다지 뭔가. 그대로 기차들이 멈춰 섰다면…… 도대체 손해가 얼마일지 생각하기도 싫다니까!"

"어린 친구가 운이 좋았구먼. 그러다 사고가 날 수도 있잖은가?"

"이 친구야. 난 그 녀석이 매일 선로 상태를 체크하고 있다는 것을 잘 안다네. 그 복잡한 선로를 꿰뚫고 있단 말이지. 무엇보다도 다른 직원들은 책임지는 걸 두려워해서 그런 일에는 아무도 나서려고 하지 않는단 말일세. 하지만 그 녀석은 달라. 난 그게 마음에 든다네. 하하하하!"

그 일은 앤드루에 대한 토머스의 신임을 더욱 돈독하게 했다. 토머스는 자신이 자리에 없을 때 자기 역할을 대신 수행할 수 있는 권한을 앤드루에게 주었다.

　앤드루는 자신이 받은 권한을 빈틈없이 수행했다. 철도 회사 직원들이 가장 피하고 싶어 하는 업무가 철도 노동자들을 상대하는 일이었다. 워낙 거친 사람들이었기에 종종 직원들이 노동자들에게 주눅 들었던 것이다. 하지만 앤드루는 그런 것에 전혀 개의치 않고 자신의 권한을 분명하게 사용했다. 신상필벌이 분명했던 것이다. 그런 당당함은 회사의 책임자들이 보기에 무척이나 환영할 만한 점이었다.

　또 하나 앤드루가 토머스를 사로잡은 게 있었다. 그것은 앤드루의 글 솜씨였다.

　당시 피츠버그 사업가들 사이에서 펜실베이니아 철도에 대한 좋지 않은 평판이 돌고 있었다. 토머스는 그 문제로 무척이나 스트레스를 받고 있었다. 딱히 나쁜 평판을 바꿀 만한 방법을 찾지 못했던 것이다.

　그 와중에 당시 피츠버그에서 가장 큰 언론이었던 '피츠버그 저널지'에 펜실베이니아 철도에 대한 훌륭한 글이 실렸다. 그 글은 무척이나 감동적이어서 독자는 물론이고 토머스도 감탄해 마지않았다.

　"글을 쓴 사람이 누군지 알려 달라고요?"

　"그래요. 누군지 알고 싶으니 말씀해 주십시오."

　글을 읽자마자 토머스는 글쓴이를 찾아내고자 저널지에 연락했다.

　"익명으로 온 편지라 확인하는 데 시간이 조금 걸리겠는데요."

　"괜찮습니다. 꼭 글의 주인공을 찾아 주십시오."

　토머스가 부탁을 한 지 몇 시간 후에 그 주인공이 밝혀졌다.

"편지를 보낸 사람은 앤드루 카네기라는 분입니다."

"뭐, 뭐라고요? 카네기…… 앤드루가 분명합니까?"

"그렇습니다. 확인을 거친 사항이라 틀림없습니다."

"하하하하! 카네기라니! 앤드루에게 이런 글 솜씨가 있었다니! 같이 지낼수록 놀라운 녀석이라니까!"

토머스는 앤드루가 그런 멋진 글을 썼다는 사실에 무척이나 놀랐을 뿐만 아니라 아주 흡족해했다.

사실 앤드루는 문학을 공부하고 있었다. 문학에 관심 있는 사람들이 정기적으로 모여 문학에 대해 토론하고 연구하는 모임에 참여했다. 그곳에서 대화하는 방법과 장문을 쓰는 법을 터득하고 다른 사람들과 공부를 해 왔던 것이다. 앤드루의 글 솜씨가 훌륭했던 것은 그동안 시간을 투자해 많은 공부를 해 온 것이기에 결코 우연이 아니었다.

앤드루에 대한 신뢰가 깊어진 토머스는 앤드루를 자신의 비서로 발탁했고 월급도 50달러로 껑충 올려 주었다. 50달러의 월급은 봉급생활자 즉, 샐러리맨에겐 높은 임금이었다.

이제 앤드루는 그동안 번 돈으로 교외 지역에 멋지고 근사한 집을 마련하여 이사했다. 앤드루의 식구들은 자신의 집이 생긴다는 사실에 무척 기뻐했는데 특히 어머니는 줄줄 눈물을 흘리며 감격스러워했다.

하지만 그건 이제 시작에 지나지 않았다. 드디어 앤드루가 토머스의 도움으로 자본가로서 첫발을 딛게 되었던 것이다.

그토록 꿈꾸던 사업을 시작하다

스무 살이 넘도록 많은 직업을 바꾸며 다양한 사업을 해 오던 제이는 자신이 사업을 하기 위해서 어느 정도 자본을 가지고 있어야 한다는 사실을 깨달았다. 하지만 그에겐 사업을 할 만한 충분한 돈이 없었다. 그때 그의 눈에 한 여인이 들어왔다. 헬렌 밀러라는 여인으로 제법 재력이 있는 집안의 딸이었다.

제이는 헬렌의 아버지가 가진 재력이 자신에게 도움이 될 거라 판단하고 헬렌과 결혼할 결심을 했다. 그러기 위해서는 헬렌의 마음을 빼앗는 게 먼저였다.

젊은 제이는 깨끗한 얼굴과 훤칠한 키 덕분에 여자들에게 호감을 사는 용모를 가지고 있었다. 그도 그 사실을 잘 알고 있었기에 그런 장점을 십분 활용하기로 했다.

어느 날, 집으로 돌아가는 헬렌 앞에 불량배 몇 명이 길을 막아섰다.

"헤헤! 이봐, 나랑 술이나 한 잔 하는 게 어때?"

"날도 저물었고 기분도 울적한데 그러는 게 좋지 않겠어? 안 그래?"

"꺄악! 다가오지 마요!"

헬렌은 당황하며 뒤로 물러섰다.

"어딜 도망가려는 거야? 같이 놀자니까!"

불량배가 잔뜩 겁에 질려 도망가려는 헬렌을 붙잡았다.

"그 손 놓지 그래?"

제이가 등장한 건 바로 그때였다.

"넌 뭐야? 이 자식아! 빨리 안 꺼져?"

불량배 하나가 소리를 지르며 제이에게 달려들었다.

빡!

"으악!"

그러나 제이의 주먹에 불량배가 한쪽으로 나뒹굴었다.

그러자 다른 불량배들이 제이에게 덤벼들었다. 제이는 마치 기다렸다는 듯이 한 방에 불량배들을 모두 때려눕혔다.

빠바바박!

"아악!"

"너…… 이 자식 두고 보자!"

불량배들이 씩씩거리며 꽁무니를 뺐다.

헬렌의 눈엔 어디선가 나타나 순식간에 불량배를 제압한 제이가 마치 백기사처럼 보였다.

"어디 다친 데는 없나요?"

"네, 덕분에요. 고마워요."

"별말씀을! 당연히 해야 할 일을 한 것뿐입니다. 집까지 모셔다 드리지요. 그 녀석들이 다시 나타날지 모르니……."

헬렌은 준수한 용모에 예의 바르고 지적인 분위기까지 풍기는 제이에게 한눈에 반했다. 무엇보다 자신을 위기에서 구해 주지 않았는가!

하지만 그 불량배들은 제이가 돈을 주고 고용한 자들이었다. 극적인 장면을 연출하기 위해 제이가 미리 불량배들과 상황을 맞췄던 것이다. 그 사실도 모른 채 헬렌은 제이의 계산대로 제대로 걸려들었다.

"전 헬렌 밀러라고 해요."

"아…… 제 소개를 깜박했습니다. 전 제이 굴드라고 하지요."

그렇게 첫 만남 이후 두 사람은 계속 만났고 곧 헬렌은 그와 깊은 사랑에 빠져버렸다. 제이는 그 순간을 기다렸다는 듯이 헬렌에게 청혼을 했다.

헬렌의 가문에서 제이를 마음에 들어 하든 그렇지 않든 그런 건 중요하지 않았다. 이미 헬렌은 제이와 깊은 사랑에 빠져 있어서 도저히 어쩔 수가 없게 된 것이다. 헬렌의 집에서 결국 결혼을 승낙할 수밖에 없었고 둘은 결혼식을 올리게 되었다.

제이의 계산은 제대로 맞아떨어졌다. 헬렌의 아버지, 즉 제이의 장인이 그를 철도 회사에 소개시켜 줬을 뿐만 아니라 그에게 사업 밑천까지 대 주었다.

장인은 단지 제이가 그의 사위이기 때문에 사업 밑천을 대준 것이 아니었다. 제이와 많은 대화를 한 장인은 많은 직업을 거치면서 제이의 사업적인 식견이 높다는 것을 알았기 때문이었다. 기어이 제이는 자신의 사업을 시작할 자금을 손에 쥐게 된 것이다.

제이 굴드는 그 자금을 바탕으로 본격적인 사업을 시작했다.

5. 능력을 보여 주지 못할 자리란 없다

유능하고 자발적인 젊은이가 자신의 성실함과 성공을 향한 불굴의 의지를 증명하지 못할 정도로 단순하고 낮은 일자리란 결코 없다. 어느 위치에 서 있든지 최선을 다한다면 기회란 반드시 찾아오게 되어 있다.

투자의 달인

"앤디, 나와 함께 투자를 해 보지 않겠나?"

토머스가 자신의 비서인 앤드루에게 물었다.

"투자라고요?"

"그래. 우리 철도 회사와 거래하는 소포 배달 회사가 있는데, 소유주가 목돈이 필요해 주식을 내놓았네. 놓치기 아까운 기회라 앤디, 자네에게 말하는 거네."

"얼마가 있으면 됩니까?"

"500달러네."

"500달러라고요? 얼마 전에 집을 사느라 저에게 그만 한 돈이 없습니다."

그랬다. 앤드루는 모아 놓은 돈을 집을 사는데 모두 써서 가지고 있는 돈이 없었다.

"하하하하! 자네 사정은 내가 잘 알고 있네. 내가 500달러를 빌려 주도록 하지. 자네는 11월까지만 갚으면 되네."

앤드루는 토머스의 배려로 500달러를 투자하여 소포 배달 회사의 주식 10주를 사들였다. 처음으로 앤드루는 자신의 이름으로 된 주식을 소유하게 된 것이다.

주식을 소유한 지 얼마 지나지 않아 은행으로부터 배당 수익을 찾아가라는 연락을 받고 앤드루가 부랴부랴 은행에 도착했다.

앤드루는 무척이나 가슴이 두근거리고 설레었다. 이마에서는 자꾸만 식은땀이 흘러내렸다. 처음으로 아무런 노동 없이 가만히 앉아서 번 돈이었다.

> **배당금** : 회사의 주식을 가진 사람에게 해당 회사가 분배해 주는 돈.

"여기 *배당금 10달러입니다. 배당금은 매달 그 달의 수익에 따라 지급됩니다."

은행원이 앤드루에게 10달러짜리 수표를 내밀었다.

"감사합니다."

수표를 받아 든 앤드루의 손이 부들거렸다.

문득, 앤드루의 뇌리에 커다란 깨달음이 스쳐 지나갔다.

"이거야! 황금알을 낳는 거위는 바로 이것이야!"

앤드루는 바로 주식 거래, 즉 투자를 통해 아무런 노동 없이 큰돈을 벌 수 있다는 사실을 깨달았던 것이다. 물론, 그것은 앤드루를 무척 마음에 들어 했던 토머스가 월급 이외에 다른 수입을 만들어 주기 위한 배려에서 이루어진 것이었다.

앤드루는 이제 본격적인 백만장자가 될 수 있는 길로 들어섰다. 그리고 얼마 지나지 않아 지금의 이익 배당금과는 비교도 안 되는 실로 엄청난 행운이 앤드루 앞으로 굴러들어 온다.

1858년, 스물세 살의 앤드루는 토머스의 비서이면서 펜실베이니아 철도의 거의 모든 업무를 감독하는 중역이었다. 중역은 회사의 중요한 일을 맡은 사람인데 앤드루는 젊은 나이에 벌써 그 자리에 올라 있었다. 그는 이미 월급만으로 어느 정도 풍요로운 생활을 할 수 있을 정도로 출세한 셈이었다.

어느 날 철도를 감독하는 업무를 하던 중 앤드루는 열차에 탔다. 창밖의 풍경을 바라보며 앉아 있던 참이었다.

털썩!

무척이나 촌스러운 차림에 작고 낡은 초록색 가방을 옆구리에 낀 남자가 앤드루 앞자리로 와 앉았다.

"처음 뵙겠습니다. 카네기 씨. 전 우드루프라고 합니다."

"네? 아, 안녕하십니까? 한데 어떻게 저를 아십니까?"

앤드루는 생각지도 않은 사내의 등장에 깜짝 놀라 우드루프를 바라보았다.

"저기서 표를 검사하는 검표원이 철도 회사 직원에 대한 이야기를 했습니다. 알고 보니 카네기 씨라고 말을 하기에 드릴 말씀이 있어서 실례를 할까 합니다."

우드루프는 무척이나 절박한 표정이었다.

"무슨 일이신지?"

"저는 발명가입니다. 꼭 보여 드리고 싶은 게 있거든요."

우드루프는 가방을 열고 몇 가지 서류를 꺼내 앤드루에게 내밀었다.

"제가 특허를 딴 침대차의 도안입니다."

"침대차라고요?"

"그렇습니다. 도안처럼 객실을 침대차로 꾸민다면 장거리 여행을 하는 사람들에게 큰 환영을 받을 거라고 생각합니다. 또한 침대를 접을 수 있게 만든 것이라 침대가 필요 없을 땐 벽에 수납할 수 있게 설계된 것입니다. 카네기 씨, 제게 투자를 하지 않으시겠습니까?"

앤드루는 우드루프가 보여 준 침대차의 도안을 보는 순간 단박에 그 가치를 알아보았다. 간단한 것 같지만 획기적인 아이디어라는 것을 앤드루는 꿰뚫어 보았던 것이다.

　미국처럼 넓은 땅을 여행하려면 사람들은 오랜 시간 기차에서 머물러야 했다. 때론 잠을 자야 할 때도 있었는데 앉은 채로 자는 건 몸이 한쪽으로 기울거나 자세가 비뚤어져 불편하기 이를 데 없었다. 당연히 누워서 자는 게 편한 침대가 필요하다는 것을 기차 일을 하는 앤드루가 모를 리 없었던 것이다.

　당장 투자 계획서에 서명을 한 앤드루는 우드루프의 침대차에 217달러를 투자했다. 앤드루의 투자는 2년도 안 되어 연간 5천 달러라는 엄청난 배당금으로 되돌아 왔다. 실로 복권에 당첨된 것과 같은 행운이었다.

　직장에서도 피츠버그 서부 지역 책임자라는 높은 직책으로 승진했고 급여도 연간 1천8백 달러에 달했다. 이제 앤드루는 무시하지 못할 만큼의 돈을 벌어들이는 자본가가 되고 있었다.

로맨스에 무심했던 앤드루

앤드루는 공기가 좋고 주위에 부자들이 많이 살고 있는 리버티 밸리의 홈우드에서 2층짜리 목조 주택을 구입해 이사했다.

　노르웨이 가문비나무에 둘러싸인 주택 주위에는 미국의 유명 인사들이 많이 살고 있어서 자연스럽게 그들과 함께 어울리게 되었다.

　"이 아름다운 여인이 누구신지 알겠는가, 앤디?"

　어느 날 오후, 함께 어울리던 재판관인 윌리엄 월킨스가 앤드루에게 한 여인을 소개시켜 주었다. 피츠버그에서 유명한 의사의 딸 레일라 애디슨이었다.

"안녕하세요. 카네기 씨죠? 요즘 카네기 씨가 화제의 중심인 건 아세요?"

레일라의 말은 단순한 인사치레가 아니었다. 앤드루는 그녀의 말처럼 주위 사람들에게 단연 화제였다. 무척이나 젊은 나이에 많은 돈을 벌고 주위에서도 인정을 받는다는 건 쉬운 일이 아니었다. 때문에 사람들이 관심을 갖지 않을 수 없었다.

레일라 역시 마찬가지였다. 꼭 한 번 앤드루와 만나서 이야기를 나눠 보고 싶었는데, 윌킨스 씨 집에서 드디어 앤드루를 만나게 된 것이다.

가까이서 본 앤드루는 키가 작았고 나이보다 훨씬 더 어려 보이는 동안이었다. 하지만 총명해 보이는 눈동자는 생기가 넘쳤고 행동이나 말투는 무척이나 자신감이 흘러넘쳤다.

레일라가 보기에 앤드루가 상류 사회 사람들과 어울리기에는 아직 많은 것들이 어설퍼 보였다. 물론 그런 것들이 레일라 눈에는 나빠 보이지 않았지만 말이다.

둘은 곧 친해졌다. 앤드루는 레일라에게서 테이블 매너라든가 사교계의 교양과 대화하는 기술, 세련된 옷차림이나 용모를 가꾸는 방법 등 여러 가지를 배웠다.

앤드루는 자신이 상류 사람들과 어울려 본 적이 없어서 상류 사회에서 배워야 할 교양들이 부족하다는 것을 아주 잘 알고 있었다. 그래서 풍요로운 가정 덕분에 그런 것들이 늘 몸에 배어 있는 레일라에게 배울 수 있는 것을 감사하게 생각했다.

레일라와 친해진 지도 꽤 여러 달이 흘렀다.

정성껏 치장을 마친 레일라가 집을 나섰다. 집 앞에는 앤드루가 기다리고 있었다. 두 사람은 한창 인기를 끌고 있는 오페라를 보기로 약속이 되어 있었다. 하지만 레일라의 관심은 오페라가 아니라 앤드루의 고백이었다. 사랑한다는 고백을 기대하고 있었던 것이다.

이미 레일라는 앤드루를 좋아하고 있었다. 그렇지만 여자인 자신이 먼저 고백한다는 것은 영 자존심이 허락지 않았다.

하지만 오페라가 끝나고 레일라의 집 앞에 도착할 때까지 앤드루는 고백 비슷한 것도 하지 않았다. 그저 평소처럼 정치나 경제에 대한 이야기를 할 뿐이었다.

"들어가요, 레일라. 덕분에 오늘 무척 즐거웠습니다."

앤드루가 깍듯이 인사를 했다.

"저도요. 카네기 씨 덕분에 무척 즐거운 시간이었어요. 근데…… 다른 할 말은 없는 건가요?"

"예? 다른 할 말이라면?"

앤드루는 벙벙한 표정으로 레일라를 바라보았다. 도무지 레일라가 하는 말이 뭘 뜻하는 건지 알 수 없었던 것이다.

"아, 아니에요. 됐어요……. 그럼 조심히 들어가세요."

얼굴이 붉어진 레일라가 쫓기듯이 집 안으로 들어가 버렸다. 레일라는 용기를 내어 앤드루에게 고백에 대한 암시를 줬지만 도대체 알아듣지 못하는 앤드루를 보고 무척이나 부끄러웠던 것이다.

사실 앤드루는 레일라에게 이성으로서의 감정을 느끼지 못했다. 그저 편안한 친구 중 한 사람이라고 생각했다.

이제 나이 스물다섯! 당시 대부분 청년들은 그 나이가 되면 결혼을 했다. 하지만 앤드루는 여자에게 관심이 없었다.

그렇다고 해서 앤드루가 남자를 좋아하는 것도 아니었다. 연애를 하지도 않았고 여자를 만나려고 기를 쓰지도 않았다.

어쩌면 그건 앤드루에게 무척이나 집착하는 어머니 때문인지도 모른다. 앤드루의 어머니는 무척이나 세심하게 앤드루를 보살폈다. 발끝에서부터 머리끝까지 늘 관심을 가지고 챙겨 주었다.

앤드루는 그런 어머니가 부담스럽거나 귀찮지 않았다. 오히려 어머니가 좋아하는 모습을 보면 무척이나 기분이 좋아졌고 늘 어머니가 기뻐하는 일을 하기 위해 노력했다. 요즘으로 치면 마마보이였는지도 모른다.

아무튼 그 일이 있고 난 후 레일라는 앤드루에 대한 마음을 접었다. 앤드루가 자신에게 이성으로서의 애정이 없다는 것을 알았기 때문이었다.

미국 남북전쟁 1860년, 공화당의 에이브러햄 링컨이 *미합중국 대통령으로 당선되고 1861년에 취임하면서

미합중국 : 북아메리카 대륙의 가운데를 차지하는 미국을 이르는 말.

미국 내에는 이상한 기운이 흐르기 시작했다. 미국의 여러 주들은 남부와 북부로 나뉘어 서로를 공격하기 시작했다. 전쟁의 불안한 그림자가 길게 드리워지기 시작한 것이다.

앤드루는 정치에도 남다른 관심이 있어 늘 정치 관련 신문이나 잡지를 구독했고 공화당원으로서 에이브러햄 링컨을 지지했다. 당시 남부

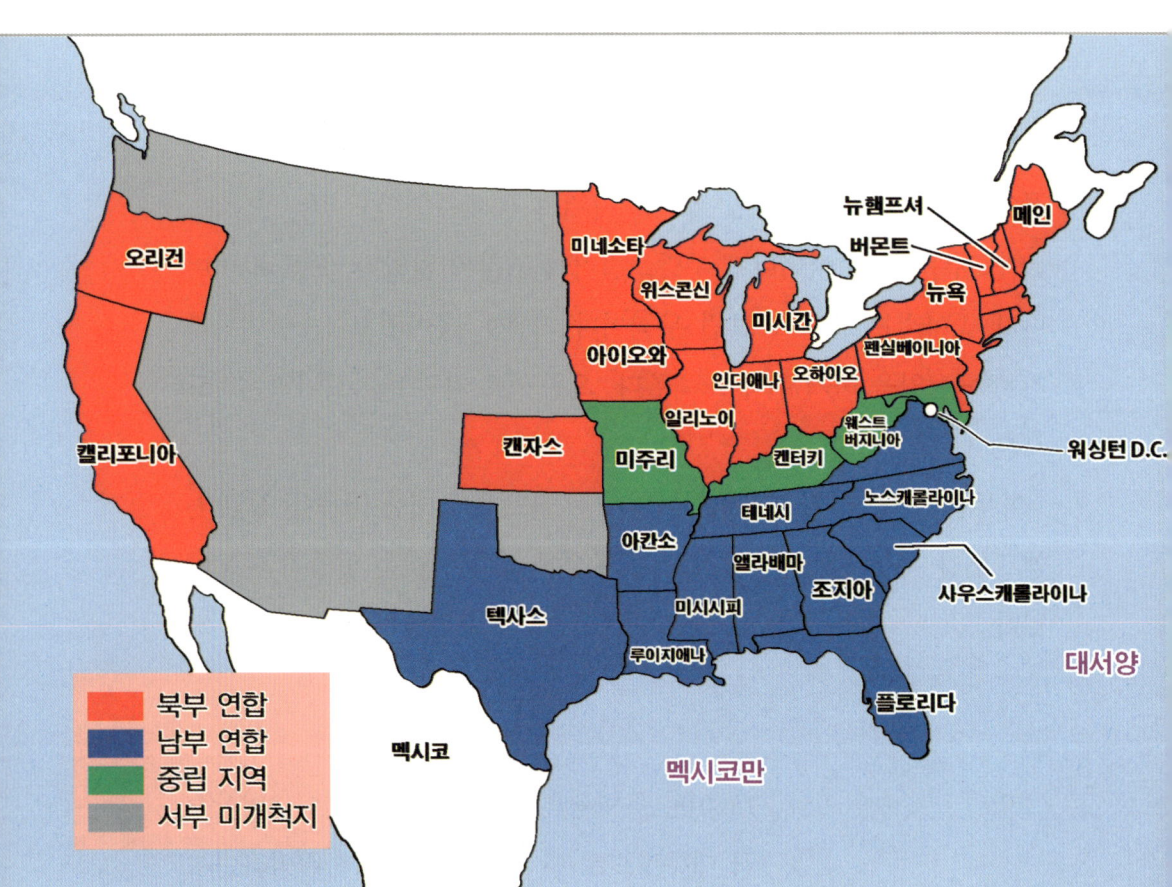

와 북부의 정치적인 관심사는 노예해방에 대한 찬성과 반대 논쟁이었다. 링컨을 포함한 북부 연합은 노예의 해방을 주장한 반면 남부 연합은 노예의 해방을 반대했다.

마침내 1861년 4월, 남부와 북부로 갈라진 미국에 전쟁이 시작되었다.

전쟁은 좋든 싫든 모든 것을 바꾸어 버린다. 많은 사람이 죽고 영웅이 태어나며 사상과 가치관마저도 바뀐다. 또한 새로운 자본가들이 등장하거나 기존의 자본가들이 몰락하기도 한다.

격동과 파란의 시기인 전쟁은 앤드루에게 엄청난 기회를 선사한다.

약삭빠른 기업가

장인에게서 사업 자금을 손에 넣은 제이 굴드가 착수한 사업은 경영난에 빠진 회사를 싼값에 인수하는 것이었다.

제이는 전문적으로 회사의 기밀을 빼내는 브로커들을 고용해 재정적인 문제가 있는 회사들을 찾아냈다. 그 회사를 재빨리 인수하고는 가차 없이 구조조정을 단행했다. 구조조정이란 기업의 불합리한 구조를 개선하여 효율성을 높이는 작업이지만, 제이가 하고자 했던 의도는 근로자나 관리자 들을 해고하여 임금을 삭감함으로써 회사의 지출을 줄이는 것이었다.

지시를 받은 한 직원이 입이 떡 벌어지며 제이에게 물었다.

"예엣? 이 사람들을 다 해고하란 겁니까?"

"그렇소."

"하지만 이 사람들은 회사를 만들 때부터 쭉 같이 일해 온 사람들입니다. 그런 사람들을 해고하라는 것은 말도 안 됩니다. 또 이 사람들을 다 해고하면 우리 회사에 일할 사람이 너무 부족합니다."

"출퇴근 시간을 늘려서 남아 있는 사람들에게 일을 더 시키면 될 거 아니오?"

"지금도 하루 열 시간을 넘게 일하는데 어떻게 시간을 더 늘린단 말입니까!"

"받아들일 수 없는 자들은 모두 다 잘라버리시오! 무슨 말인지 알겠습니까?"

제이에게는 인정사정이 없었다. 그는 회사를 인수한 다음 근로자를 반으로 줄여 회사에서 지급해야 할 임금을 반으로 줄였다. 그리고 남은 근로자들에게 해고한 근로자 몫까지 모두 일을 시켰던 것이다. 그 상태로 어느 정도의 시간이 흐르면 회사의 지출이 많이 줄기 때문에 경영 상태가 많이 호전된다. 그때를 이용해 비싼 값으로 회사를 다시 팔아 많은 돈을 모으기 시작했던 것이다.

제이는 같은 방법으로 워싱턴의 철도 회사를 사고팔아 제법 큰 재산을 모았다. 하지만 그건 제이가 목표로 했던 부에 비하면 보잘것없는 액수였다. 제이는 세계 최고의 자본가가 되는 게 목표였다. 그는 그 목표를 이루기 위해 뉴욕으로 이주했다.

뉴욕에는 *월 스트리트라는 증권가가 있었다. 증권이란 채권과 주식 등을 말하는데, 일정한 권리나 금액이 기재되어 있어 자유롭게 매

월 스트리트Wall Street
: 미국 뉴욕 시에 있는 금융과 증권 거래의 중심지.

증권 중개인 : 증권을 사거나 팔고자 하는 고객의 주문을 증권 거래소에 등록시키고 고객의 거래 조건과 맞는 주문자를 찾아 연결해 주는 일을 하는 사람.

매나 양도가 가능한 증서를 말한다.

　미국의 산업이 커지면서 월 스트리트는 세계 금융의 중심지로 부상하고 있었다. 제이는 돈을 벌기 위해서 기본적으로 금융을 알아야 했고 그러기 위해서는 본고장에서 몸으로 부딪치는 게 최선이라고 생각했다.

　제이는 월 스트리트에서 *증권 중개인으로 취직해 금융과 증권을 공부하기 시작했다. 그곳은 엄청난 세계였다. 하루에도 수십, 수천만 달러의 돈이 마치 파도처럼 휩쓸려 다녔다. 그 파도에 휩쓸려 하루아침에 알거지가 되거나 벼락부자가 되는 사람들도 많았다.

　제이는 그곳에서 돈의 위력을 뼈저리게 체험했다. 돈이란 일말의 자비심도 없었다. 많은 돈을 투자했다고 해도, 아니 전 재산을 투자했다고 해도 자신이 투자한 회사가 망하면 절대로 투자금을 되돌려 주지 않는다. 알거지가 되어 쫓겨나도 어쩔 수 없는 곳이 월 스트리트였던 것이다.

　제이는 그곳에서 직접 부딪치며 돈을 버는 데 수단과 방법을 가리지 않아야 한다는 확고한 철학을 완성했다. 그리하여 제이 굴드는 마침내 자신의 철학을 직접 펼쳐 보이기 시작했다.

6. 확신을 가지고 과감히 도전하라

꿈을 이뤄 가는 과정은 끝없는 도전이다.
험한 산을 오르는 것은 확신과 도전 없이는 불가능하다.
꿈을 향한 과감한 도전이야말로 당신을 성공으로 이끄는 열쇠이다.

기업인이 가져야 할 자세

"기차를 멈춰! 어서!"

앤드루가 다급하게 소리를 질렀다.

끼이이익!

기차가 둔중한 소리를 내며 멈춰 서자 앤드루가 기차에서 뛰어내리며 소리쳤다.

"저쪽에 전선이 끊어져 있어! 전선을 잡고 있을 테니까 기술자를 불러와!"

"함부로 기차에서 내리시면 안 됩니다. 적의 저격수가 있을지도 모르니까 어서 들어오십시오!"

"전선을 저대로 두면 아무런 연락을 할 수가 없어. 그게 무슨 뜻인지 모르겠어? 통신이 두절된단 말이야. 난 상관없으니까 빨리 기술자나 불러!"

앤드루는 끊어진 채로 땅에 묻혀 있는 전선의 한쪽 끝을 잡아당겼다.

피흉!

순간, 나무 말뚝에 짓눌려 팽팽하게 당겨져 있던 전선이 어긋나며 활처럼 튕겨 나가고 말았다. 그리고 앤드루의 얼굴을 후려치며 지나갔다. 실로 눈 깜짝할 사이에 벌어진 일이었다. 곧 앤드루의 길게 찢어진 얼굴에서 피가 흘러내렸다.

지금은 전쟁 중이었다. 하루에도 수백 명이 피를 흘리며 죽어 갔다. 그에 비하면 앤드루의 얼굴에 난 상처쯤은 아무것도 아니었다.

곧 기술자들이 앤드루 쪽으로 와서 끊어진 전선을 복구했다.

전쟁이 벌어지자 북부 연합을 지지하던 토머스가 북군을 위해 일할 결심을 하고 앤드루에게 군사 철도와 전보, 그리고 철도 직원들을 소집해 의용군을 만들라고 지시했다. 마침 어떤 식으로든 전쟁에 참여하고 싶었던 앤드루는 흔쾌히 자신의 임무를 수행했다.

비록 총을 든 군인으로 전쟁에 참여한 건 아니었지만 앤드루의 임무는 총을 든 군인 못지않게 위험한 일이었다. 앞서 전선을 수리하는 일도 그렇거니와 병력과 물자를 최전방까지 수송하는 임무는 심심치 않게 총격전이 벌어져 치열한 전투로 이어지곤 했다.

앤드루는 전투가 벌어져 상황이 위험하다고 해서 자신이 해야 할 일을 부하 직원에게 미루지 않았다. 오히려 부하 직원을 대신해 앞장서 이끌었는데, 그런 앤드루의 모습은 부하 직원들뿐만 아니라 군인들까지 감동시켰다. 그로 인해 앤드루의 평판은 무척이나 좋아졌고 세상의 많은 사람들과 인연을 갖게 해 주었다.

그중에는 석유왕 *존 록펠러와 세계적인 사업가 *코넬리어스 밴더빌트 등도 있었다. 하지만 무엇보다 앤드루의 뇌리에 깊이 박혔던 것은 바로 링컨 대통령과의 만남이었다.

당시에 에이브러햄 링컨 대통령은 자신의 지지자인 토머스 스콧의 사무실을 가끔씩 방문하곤 했다. 바로 그곳에서 앤드루는 우연히 링컨을 보게 된 것이다.

"자네가 앤드루 카네기인가?"

링컨이 넉넉한 미소와 함께 앤드루에게 악수를 청

> 존 록펠러John Rockefeller : 석유 업계에 전 세계적으로 영향을 미친 '스탠더드 오일' 회사의 설립자. 미국 내 정유소의 95%를 지배하기도 했다.
> 코넬리어스 밴더빌트 Cornelius Vanderbilt : 철도와 항만 건설을 시작하여 미국 최고의 사업가로 성장했다.

했다.

"그렇습니다, 대통령 각하."

바짝 긴장한 앤드루가 링컨이 내민 손을 잡았다. 앤드루는 링컨의 손이 무척이나 크게 느껴졌다.

"자네의 명성은 익히 들어서 알고 있네. 무척이나 용감하다지?"

"그렇지 않습니다. 전 제가 해야 할 일을 할 뿐입니다."

"사람은 말일세. 그게 어렵다네. 해야 할 일을 하는 거 말일세. 모쪼록 나를 많이 도와주시게."

링컨의 말투는 정중했다. 대통령에 비하면 아무런 직책이 없는 거나 다름없는 앤드루를 대하는 태도가 무척이나 겸손했다.

그런 링컨의 태도는 앤드루를 무척이나 감동시켰고, 마음에서 우러나는 존경심을 갖게 했다. 그러한 존경심은 앤드루에게도 많은 영향을 주었다. 그것은 어떤 사람을 만나도 그 사람을 존중하는 태도를 앤드루에게 심어 주었다는 점이었다.

새로운 세계로 나서다

전쟁이 계속되는 동안 많은 것들이 빠르게 변하고 있었는데 이는 사업에 있어서도 마찬가지였다. 전쟁과 관련된 새로운 사업들이 급부상하기 시작했다.

그중에서 가장 뜨거운 관심을 모은 것은 바로 석유였다. 미국 곳곳에서 석유를 찾는 사람들로 넘쳐 났다. 앤드루는 몇 군데 유전에 투자를 했다. 그중에 가장 큰 액수인 1만 1천 달러를 투자한 콜럼버스 오일 회사에서 첫해에 1만 7,868달러라는 엄청난 이익 배당금이 지급되었다. 말하자면 대박이 터진 셈이었다.

회사에서도 앤드루와 관련된 중요한 결정이 통과되었다. 이제 겨우 스물여덟 살의 앤드루를 펜실베이니아 철도의 부회장직에 임명한 것이다. 사람들은 놀랍고 부러운 눈으로 앤드루를 바라보았다. 서른도 안 된 나이에 회사의 부회장이 된다는 건 유례가 없는 일이었기 때문이었다.

하지만 앤드루의 마음은 편치 않았다. 앤드루가 부회장직을 맡게 되면 지금까지 자신을 후원해 준 토머스와 경쟁 관계가 되는 것을 의미했기 때문이었다.

앤드루는 고민하지 않을 수 없었다. 자신을 지금의 위치로 이끌어 준 토머스와 경쟁하고 싶은 마음이 눈곱만큼도 없었기 때문이었다.

앤드루는 여느 때처럼 중요한 결정을 하기 위해 식구들과 함께 자리에 앉았다. 하지만 옛날과는 달리 어머니는 적극적으로 자신의 의견을 말하지 않았다. 그건 다른 식구들도 마찬가지였다. 모두가 앤드루의 결정을 믿고 따랐던 것이다.

어쩌면 그건 아주 당연한 일이었다. 이미 카네기 가족은 앤드루에 의해 부자가 되지 않았는가.

"회사를 그만둬야겠어요."

오랜 고민 끝에 앤드루가 내린 결론은 부회장직을 받아들이는 것이 아닌 회사에 사표를 내는 것이었다. 사람들로서는 전혀 예상치 못한 결정이었지만 앤드루에게는 그럴 만한 몇 가지 이유가 있었다.

우선 앤드루는 이미 주식에 투자하여 많은 돈을 벌고 있었기 때문에 굳이 토머스와 불편한 관계를 감수하면서까지 부회장직을 맡고 싶지 않았다. 또, 이제 앤드루는 자신의 사업을 본격적으로 시작해야겠다고 마음먹었다.

마침내 앤드루는 오랫동안 일해 온 펜실베이니아 철도 회사에 사직서를 제출했다. 그리고 사직서를 제출한 지 2주일 후에 남부 연합군 총사령관 로버트 리 장군이 율리시스 그랜트 장군에게 무릎을 꿇었다. 드디어 전쟁이 끝난 것이다.

그 후 앤드루가 투자한 곳은 크게 두 계열이었다. 하나는 철도에 다리를 놓거나 레일을 깔고 바퀴 등을 만드는 철도 관련 회사들이었다. 이곳 철도 관련 회사들은 앤드루가 단순히 투자만 한 게 아니라 회사의 운영도 관여하고 있던 곳이었다. 또 다른 하나는 석유와 침대차 등에 투자해 순수한 투자 수익을 올리는 회사들이었다.

이들 회사들은 앤드루에게 매년 막대한 이익을 안겨 주었는데 그 수입만으로도 앤드루는 백만장자 대열에 들어선 셈이었다.

강철 시대의 시작

앤드루는 새로운 사업을 시작하기 전에 유럽 여행을 하기로 결심했다. 그동안 전쟁에 참전하느라 제대로 휴식을 취하지도 못했고, 여러 회사들을 신경 쓰느라 피로가 누적되어 있었다.

앤드루는 그전에 고향인 던펌린에 한 번 다녀온 적이 있었지만 기간이 너무 짧았던 관계로 늘 아쉬움이 컸다. 이번에야말로 고향 던펌린은 물론 유럽까지 여행을 하면서 재충전의 시간을 가지고 영혼을 쉬게 하고 싶었던 것이다.

앤드루는 여행을 무척이나 좋아했는데 훗날 유럽뿐만 아니라 일본, 중국은 물론 아프리카에 이르기까지 틈만 나면 여행을 하곤 했다.

앤드루가 본격적으로 강철에 눈을 돌린 건 바로 이번 유럽 여행에서였다. 그는 스코틀랜드 던펌린에 머물다가 사촌 조지 로더와 함께 영국으로 건너갔다. 조지는 어린 시절부터 앤드루와 던펌린에서 뛰놀던 친한 친구 사이였다. 그는 기계를 다루는 엔지니어로 당시 앞선 기술에 대해 많은 정보를 가지고 있었다.

앤드루는 조지의 권유로 그와 함께 영국에 도착했다.
"도대체 내게 뭘 보여 주고 싶은 거야, 조지?"
"따라오기나 하라니까."
"미리 힌트라도 주면 안 되겠어?"
"그렇게는 안 되겠는데? 다 왔으니까 네 눈으로 확인해 봐."
조지가 앤드루를 데리고 간 곳은 지하로 난 통로였는데 그 안에는 세계 최초의 지하철역이 있었다.

당시 영국은 산업혁명의 발상지로 세계 최고의 선진국이었다. 하루가 다르게 새로운 상품과 발명품들이 쏟아졌고 수도 런던은 그런 기발한 상품들의 중심지였다.

지하철도 마찬가지였다. 세계 최초의 지하철이 런던 팔링턴 스트리트에 개통되어 운행되고 있었던 것이다.

"여긴 지하 기차가 다니는 역이 아닌가?"

"맞아. 피어슨이라는 사람이 땅을 파고 다니는 두더지 구멍에서 힌트를 얻어 만든 것이라네. 미국처럼 땅이 넓은 나라는 모르겠지만 런던처럼 길이 복잡한 곳에서 땅 밑으로 길을 낸다는 것은 무척이나 획기적인 아이디어가 아니겠는가?"

"지하 기차는 이미 나도 알고 있었네."

앤드루는 지하철을 직접 눈으로 보는 것은 처음이었지만 지하 기차에 대해서는 이미 알고 있었다. 그동안 앤드루가 일을 한 곳이 철도 회사였으니 당연한 것이었다.

앤드루가 지하로 다니는 기차에 대해 처음 들었을 때는 바보 같은 생각이라고 여겼다. 땅속으로 터널을 파는 건 공사비가 어마어마하게 들었기 때문에 도무지 사업성이 없을 거라고 생각했던 것이다. 하지만 직접 눈으로 보니 좁고 밀집된 도시에서는 활용도가 꽤 높을 것 같다는 생각이 들었다.

그래도 지하철을 만든다면 너무 많은 공사비가 들 것이란 생각은 변하지 않았다.

"보여 주고 싶은 게 지하 기차였나?"

앤드루에게는 새로운 것이 아니었기에 조금 실망하지 않을 수 없었다.

"아니야. 내가 보여 주고 싶은 건 지하 기차가 아니라네."

"기차가 아니면 도대체 뭐가 있단 말인가?"

"밑을 보게."

"밑이라면?"

앤드루는 조지가 손으로 가리키는 선로를 바라보았다. 환하게 켜 있는 가스 불빛을 받아서인지 선로가 반짝거렸다.

"저건 선로?"

"맞네. 선로라네. 근데 저 선로는 뭔가 달라 보이지 않는가?"

그랬다. 선명하게 보이지 않아도 지금의 선로는 앤드루가 이제껏 보아 왔던 선로와는 분명히 달랐다.

선로, 즉 기차가 다니기 위해 깔아 놓은 레일이 다르다는 것은 레일을 만드는 주재료인 강철이 다르다는 말이었다.

"저것은 토머스 도드라는 사람이 만드는 것으로, 그가 개발한 강철로 선로를 튼튼하게 만든 거라네. 지금까지 나온 철보다 강도가 훨씬 세지. 저 강철을 사용한다면 빠르게 달리는 기차의 무게도 충분히 견딜 수가 있을 거네."

앤드루는 토머스 도드의 강철이 지닌 사업성을 단번에 알아차렸다. 시대는 점점 더 강한 철을 요구하고 있었다. 철도와 선박, 무기뿐만 아니라 고층 빌딩이나 산업용 공구까지 강철을 필요로 하는 곳은 무궁무진했고 실제로 그러한 산업들이 급속히 증가하고 있었다. 앤드루는 그 점을 간파하고 있었기 때문에 강철에 총력을 기울이기로 결심했다.

> **프러시아** : 독일 동북부에 있었지만 현재는 존재하지 않는 나라. 프로이센의 영어식 이름.

그는 당장 사촌 조지와 함께 강철을 생산하기 위해 토머스 도드와 계약을 추진했다. 뿐만 아니라 *프러시아의 철강 공장과 다른 주철 공장, 그리고 라인 강변의 철강 공장들까지 찾아다니며 꼼꼼하게 철강에 대한 조사를 진행했다.

앤드루는 철강 공장을 돌아보는 동안 거대한 화로가 뿜어내는 열기와 마치 용암처럼 펄펄 끓는 쇳물, 그리고 그 쇳물을 식히며 피어오르는 수증기가 만들어 내는 원시성과 강인함에 푹 빠져 버렸다.

인간이 쇠를 만들어 내는 건 그동안 오랜 문명과 함께 쌓아 온 인간 지식의 결정체라고 생각했다. 인간의 역사는 좀 더 강한 쇠를 만들기 위한 투쟁 그 자체였다.

좀 더 강한 쇠는 권력과 부를 가져왔다. 석기는 청동기에 무너졌고 청동기는 철기에 무너졌다. 또한 철기의 대부분을 이루던 주철은 더욱 강하고 단단한 강철에 의해 무너져 내렸다.

강철이야말로 인간의 문명에서 최고의 선물이라고 해도 과언이 아니었다. 앤드루는 바로 그 강철을 만들고 싶었다.

강철을 만들기로 결심을 굳힌 앤드루는 미국으로 돌아온 후 사업가인 토머스 밀러와 손잡고 1864년 '사이클롭스 철강'이라는 회사를 설립했고, 바로 다음 해인 1865년에 라이벌 회사와 합병해 커다란 종합 제철소를 탄생시켰다.

앤드루가 이끄는 강철의 시대가 시작된 것이다.

타락한 기업 정신

월 스트리트에서 증권 중개인으로 경력을 쌓고 있던 제이 굴드는 당시 큰 수익을 내고 있던 '에리 철도 회사'의 사장으로 취임했다. 에리 철도 회사는 당대 최고의 백만장자로 알려진 밴더빌트가 대주주로서 경영권을 행사하고 있었다. 밴더빌트에 이어 2대 *주주였던 피스크가 밴더빌트를 경영권에서 밀어내기 위해 증권 중개인으로서 친분을 유지하고 있던 제이를 사장으로 추천했던 것이다.

> 주주 : 주식을 가지고 회사 경영에 참여하는 사람.

밴더빌트는 제이와 피스크에게 그런 음모가 있다는 것을 알지 못한 채 피스크의 추천을 받아들였다. 그리하여 증권 중개인으로서 제법 능력을 인정받고 있는 제이를 사장으로 임명했던 것이다.

하지만 사장으로 취임한 제이 굴드는 소액주주들에게서 위임장을 모았다. 그 내용은 소액주주들이 자신들의 결정권을 사장인 제이에게 맡기는 것이었다. 결국 모든 열쇠를 손에 쥔 제이는 소액주주들의 위임장으로 밴더빌트의 주식 의결권을 무력화시켰다. 주식 의결권은 주주가 자신의 의사를 표현할 수 있는 중요한 권리였지만 밴더빌트는 이 권리를 행사할 수 없었다.

결국 제이는 밴더빌트를 회사의 경영권에서 완전히 밀어내버렸다. 회사를 빼앗아버린 것이다.

"하하! 얼마 전 밴더빌트의 똥 씹은 표정이 아직도 잊히지 않는군! 나를 해고한다고 얼마나 길길이 날뛰던지 꼭 정신 나간 멧돼지 같더군!"

"그러게 말일세. 소액주주들의 의결권을 증명하는 위임장을 내놨을 때 아무 말도 못하고 부들부들 떨기만 했었지."

제이와 피스크 그리고 그의 측근들이 얼마 전에 밴더빌트를 내쫓을 때의 상황을 생각하며 즐거워하고 있었다.

"그나저나 제이 자네는 대단하구먼. 도대체 그 많은 소액주주들을 어찌 설득한 건가?"

"소액주주들을 설득하는 게 뭐 그리 어렵겠어? 이익 배당금을 많이 주겠다고 약속하면 간단한 것인데."

"뭐? 배당금을 많이 준다고 약속했다고? 그러면 우리의 이익이 그만큼 줄어든다는 말이 아닌가?"

"이익이 줄어드는 일은 없네. 주주들에게 이익이 적게 났다고 하면 간단한 일이니까."

"그 말은…… 장부를 조작한다는 말인가?"

"*분식회계라는 거네."

"분식회계?"

"그러네. 일종의 이중장부이지. 실적을 부풀리거나 줄이면 되는 걸세. 어차피 경영권을 쥐고 있는 한 우리 마음대로 할 수 있는 거야."

> **분식회계** : 기업이 재정이나 경영 실적을 실제와 다르게 발표할 목적으로 부당한 방법을 써서 계산하는 회계. 자산이나 이익을 부풀리거나 줄이기도 한다.

피스크는 엄연히 사기인 분식회계를 너무도 당당하게 말하는 제이가 무척이나 섬뜩하게 느껴졌다. 언제 자신도 제이에게 배신당할지 모르는 일이 아닌가. 자신이 밴더빌트를 배신한 것처럼 말이다. 하지만 지금은 어차피 같은 배를 탄 처지였다.

"피스크! 여기 있나?"

그때 피스크의 친구가 제이와 함께 모여 있는 방 안으로 급하게 들어왔다.

"들었나? 밴더빌트가 지금 조직폭력배를 모으고 있다더군!"

"뭐? 조직폭력배를 말인가?"

"그렇다네. 지금 뉴욕의 폭력배들이 밴더빌트에게 모여들고 있네. 조만간 사무실로 쳐들어갈 게 분명하네. 아마도 밴더빌트가 단단히 벼르고 있는 모양이야!"

"어, 어쩌지? 폭력배들을 동원한다면 우린 무사하지 못할지도 모르는 일이 아닌가. 이 일을 어찌하면 좋겠나?"

밴더빌트가 폭력배를 동원한다는 소리에 피스크는 얼굴이 새파랗게 질려 어쩔 줄 모른 채로 서성거렸다.

하지만 제이는 느긋하게 말했다.

"거, 정신 사납게 굴지 말고 자리에 앉지그래."

"지금 내가 이 상황에 편안하게 자리에 앉아 있을 수 있겠나?"

"앉으라면 앉아! 그 정도는 다 예상한 거니까!"

제이가 버럭 소리를 질렀다. 그러자 피스크는 기가 죽은 채로 자리에 앉았다.

"밴더빌트가 순순히 물러설 자가 아니란 건 진작 알고 있었어."

"그 말은 이미 대비책이 있다는?"

"당연히 준비되어 있어. 암 그렇고말고."

"그, 그게 뭔가? 어떤 대비책을 준비해 놓은 건가?"

"곧 보게 될 거야. 아마 끝내주는 날이 되겠지, 그 날은. 하하하하!"

제이는 대비책의 내용을 끝내 말하지 않은 채로 통쾌한 듯이 웃어 젖혔다. 피스크와 측근들은 무척이나 궁금했지만 직접 보는 수밖에 없었다.

며칠 후, 에리 철도 회사로 조직폭력배가 몰려온다는 소식이 사무실로 전해졌다.

"이야기 들었나, 제이? 놈들이 지금 여기로 쳐들어온다는 소리 말이야."

피스크는 잔뜩 겁을 집어 먹고 어쩔 줄 모른 채로 서성거렸다. 당장이라도 사무실에서 도망치고 싶었지만 워낙 보는 눈들이 많아서 함부로 움직일 수도 없었다. 그대로 도망친다면 나중에 회사를 버리고 도망쳤다는 비난이 일 것이 분명하기 때문이었다. 피스크는 이러지도 저러지도 못한 채 제이의 얼굴만을 바라보았다.

"도대체 자네가 말한 대비책이 뭐냔 말일세."

"바로 저것이야!"

슈우우우!

제이의 대답이 끝나기 무섭게 무언가 날아가는 날카로운 소리가 들리더니 곧이어 엄청난 폭발이 일어났다.

쿠아아앙! 꽝!

마치 전쟁이 벌어진 것처럼 회사 앞쪽에서 포탄들이 떨어지며 터져 나갔다.

제이의 사무실은 항구 근처에 있었는데 항구에 정박해 있던 함선에서 회사로 쳐들어오는 조직폭력배들을 향해 화포를 쏜 것이다.

사무실을 향해 몰려오던 조직폭력배들은 갑자기 날아온 포탄에 혼비백산하지 않을 수 없었다. 포탄이 날아온다는 건 군인들이 대기하고 있다는 말이었기 때문이었다.

비록 거칠 것이 없는 조직폭력배들이었지만 군인들과 싸워서 이길 수는 없는 일이었다. 조직폭력배들은 어쩔 수 없이 물러나야만 했다.

"이, 이게 무슨 일이지? 뭐가 어떻게 된 건가?"

피스크뿐만 아니라 사무실에 있던 모든 사람들이 함포 사격에 놀라기는 마찬가지였다.

"보면 모르겠나? 함포 사격이 아닌가. 포탄이 떨어지고 있는 거야. 우리 회사를 뺏으러 오는 놈들을 한 방에 날려 버리는 것이지. 하하하하!"

제이는 떨어지고 터져 나가는 포탄의 불꽃을 바라보며 통쾌한 듯이 웃어 젖혔다.

"내 말은…… 그러니까 어째서 함포가 발사된 거냐는 말일세!"

"그건 어려운 게 아니지. 함대의 장군을 매수했으니까. 이 세상엔 말일세. 돈으로 안 되는 게 없거든. 무슨 말인지 알겠나? 돈으로 그들을 사로잡으면 함대도 공무원들도 모두 우리 편이란 말이야."

제이가 말한 것처럼 그는 회사에서 쫓겨난 밴더빌트가 순순히 물러서지 않을 거라고 예상했다. 그래서 밴더빌트 일당이 조직폭력배를 동원할 것이라는 정보를 입수하자 폭력배를 단박에 괴멸시킬 수 있는 군대를 생각했던 것이다.

당시는 전쟁이 끝난 지 얼마 지나지 않아 여러 가지로 혼란한 시절이었다. 제이는 함대를 매수하면서 공무원들까지 돈으로 샀다. 그리고 폭력배들을 남북전쟁에서 패배한 남부 연합군의 잔당으로 몰아 포탄으로 공격하게 했던 것이다.

사건의 내막을 알게 되자 피스크는 등골이 오싹하지 않을 수 없었다.

비록 필요에 의해 제이와 손을 잡았지만 자신이 감당할 수 있는 자가 아니란 것을 알았던 것이다. 자신이 원하는 걸 손에 넣기 위해서라면 수단과 방법을 가리지 않는 자가 바로 제이 굴드였던 것이다.

7. 인간을 잘 다루어라

타인의 장점을 발견할 줄 알아야 한다.
그리고 훌륭한 점을 칭찬할 줄도 알아야 한다.
그것은 남을 자신과 동등한 인격으로 생각한다는 의미이다.

준비된 자에게 기회는 온다

철강 사업에 본격적으로 뛰어들기 전에도 앤드루는 이미 많은 사업체에 투자를 하고 있거나 또 다른 사업체들을 거느리고 있는 부자였다. 돈이 계속해서 앤드루의 수중으로 모여들고 있는 상황이었다.

앤드루의 명성도 점점 높아져 갔다. 사람들은 가난한 스코틀랜드 이민자의 가정에서 맨손으로 많은 부를 일군 앤드루를 호기심 어린 눈으로 바라보았다. 더구나 그의 나이가 아직 30대란 사실에 놀라움을 금치 못했다.

앤드루는 많은 팬을 거느린 인기 스타가 되고 있었다. 물론 연예인과는 다른 부자로서 말이다. 사람들은 앤드루에 대해 많은 궁금증을 가졌는데 그 하나가 과연 앤드루는 어느 정도의 부자가 될 것인가 하는 점이었다.

당시 미국엔 석유왕인 록펠러나 금융계를 지배하고 있던 J. 모건 등 말 그대로 천문학적인 부를 일군 억만장자들이 다수 있었다. 많은 사람들은 앤드루가 그들과 어깨를 나란히 하는 엄청난 부자가 될 거라고 생각했다. 사람들이 예측한 것처럼 앤드루가 미래의 금맥이 될 것이라고 예상한 철강 산업은 하루가 다르게 발전하고 있었다. 철강 *수요는 나날이 급증하여 공급량이 도저히 따라가지 못할 정도였다.

> 수요 : 어떤 제품이나 노동력을 일정한 가격으로 사려고 하는 욕구.

그 문제는 앤드루를 비롯한 경영진들을 골치 아프게 만들었다. 단순히 공장을 더 늘려 짓는 것만으로는 해결할 수 있는 문제가 아니었고 공장을 새로 짓기 위해서는 막대한 돈이 들어가기 때문에 함부로 결정할 수 있는 문제가 아니었다.

앤드루는 해답을 찾기 위해 고심했다.

마침내, 앤드루는 회사의 임원들을 소집했다.

"여러분은 우리의 공장에 혁신이 필요하다는 것을 잘 알고 있을 겁니다. 저 역시 그 점을 깊이 고민했습니다. 그리하여 몇 가지 해결책을 제시하고자 합니다."

임원들은 앤드루가 제시할 해법이 어떤 것인지 무척 궁금했다.

"저는 우리 공장의 철강 *제조 공정을 베서머 방식으로 바꿀 생각입니다."

"베서머 방식이라고요?"

대부분의 임원들은 앤드루가 하는 말을 알아듣지 못했다. 기술적인 것에 대해 알지 못했기 때문이었다. 하지만 기술 부분을 맡고 있는 임원들은 앤드루의 말에 큰 충격을 받았다. 그 이유는 앤드루가 철강에 대한 전문적인 지식을 엄청나게 꿰고 있다는 점 때문이었다. 헨리 베서머가 1856년에 발견한 *베서머 제강법'은 발표된 지 얼마 되지 않은 방식으로 전문가가 아니면 아는 사람이 거의 없었다.

제조 공정 : 제품이 완성하기까지 거쳐야 하는 각각의 작업 단계와 과정.

베서머 제강법 : 영국의 헨리 베서머라는 사람이 개발한 원스텝 공정. 이전보다 열 배 정도 빨리 강철을 생산하는 방식으로, 쉽고 싸게 만들 수 있었다.

"확실히 베서머 방식을 도입한다면 지금보다 더 많은 철강을 생산할 수 있습니다만 아직 그 방식은 안전성이 검증되지 않았습니다."

한 기술 관련 임원이 말했다. 앤드루는 즉시 반박했다.

"안전성이 검증되지 않은 건 아닙니다."

"하지만 베서머 방식을 도입한 철강 회사는 아무도 없습니다."

"바로 그 점입니다. 이미 대학에서 베서머 제강법에 대한 안전성 실험을 끝낸 사실을 알고 있습니까?"

"예? 대학에서 말입니까?"

기술 관련 임원은 금시초문이란 표정이었다.

"얼마 전 한 대학에서 베서머 제강법에 대한 학술과 시연회가 있었지요. 물론 연구 차원에서 이루어진 것이라 대대적으로 발표한 건 아닙니다. 어찌 됐든 베서머식이 검증되지 않은 건 그것을 도입한 회사가 아직 없기 때문이었습니다.

그리고 이 방식을 도입하려는 데는 한 가지 이유가 더 있는데 제조 공정을 획기적으로 개선할 수 있기 때문이기도 합니다. 지금 방식은 제조 공정 자체가 복잡하기 때문에 많은 인원을 투입해야 합니다. 그리고 시간도 오래 걸립니다. 이것은 돈과 시간의 낭비라는 측면에서 아주 효율적이지 못합니다."

앤드루가 설명하는 동안 더 이상 아무도 앤드루에게 이의를 달 수 없었다. 많은 시간을 연구하여 해결책을 찾기 위해 노력하지 않고는 알 수 없는 내용들이었기에 감히 반박할 수 없었던 것이다.

사실 앤드루는 강철에 투자를 하면서 강철에 대해 많은 공부를 했다. 학술 세미나뿐만 아니라 과학과 관련된 모임에까지 쫓아다니며 새로운 기술이나 공정에 대해 연구해 왔다. 또한 공장 안 구석구석을 돌아다니며 불필요한 공정이나 개선할 라인을 정리했는데 이런 노력

덕분에 생산성이 비약적으로 상승했다.

생산성이 상승했다는 것은 그만큼 이익이 늘어난다는 걸 의미했다. 하지만 그 이면에는 노동자들의 노동 강도가 그만큼 많아지고 세진 셈이었다. 불필요한 공정들이 제거되면서 그만큼 노동자들이 쉴 수 있는 시간이 많이 줄었기 때문이었다.

자본주의의 흑과 백

공장이 안정되자 앤드루는 뉴욕으로 거주지를 옮겼다.

뉴욕은 당시 미국에서 가장 발전된 도시 중 하나였다. 많은 사업체들이 몰려 있었고 많은 부자들이 뉴욕에 자리 잡고 있었다. 앤드루는 새로운 사업을 위해서 뉴욕에서 생활하는 게 더 좋을 거라고 판단했던 것이다.

하지만 뉴욕은 거칠고 불결한 곳이었다. 수십만 명의 이주민이 센트럴파크 인근의 조그마한 땅에 밀집해 살고 있었고 거리엔 빈민층 사람들이 몰려다녔다.

반면 앤드루가 지낸 곳은 멋진 대리석과 무지갯빛 수정 샹들리에로 장식된 화려한 호텔이었다. 그곳은 비슷한 호텔들과 고급 주택들이 늘어서 있는 부자들만의 동네였다.

한쪽은 빈민가의 초라하고 힘겨운 삶이 있는가 하면 다른 한쪽은 화려하고 풍요로운 삶이 아주 분명하게 대비되는 도시가 바로 뉴욕이었다.

물론 빈부의 격차는 산업혁명 이전부터 존재해 왔다. 하지만 산업혁명을 거치며 빈부의 격차는 더욱 벌어져 자본가들은 주체할 수 없는 돈을 모았지만 많은 서민들은 노동자로 전락해 하루하루 힘겨운 삶을 살아가고 있었다.

뉴욕, 런던과 파리뿐만 아니라 세상의 많은 도시가 비슷한 문제를 안고 있었다. 그건 현대에 들어와서도 마찬가지이다. 비록 그 당시 노동자들의 삶보다 조금 나아지긴 했지만 지금도 부자는 더욱 부자로, 노동자는 평생 노동자로 그 차이가 벌어지고 있다.

결국 부자와 노동자 중 어느 쪽에 속해 살아가느냐 하는 것은 본인의 노력에 달려 있다. 아주 옛날, 노예가 아무리 노력한다 해도 그 신분에서 절대 벗어날 수 없었지만 지금은 현재 가난하다고 해서 평생

 노동자로만 살 수 있는 것은 아니다. 열심히 노력을 기울인다면 얼마든지 부자가 될 수 있는 기회는 열려 있다. 물론, 기본적으로 부자와 노동자가 가지고 태어나는 환경 조건이 다르기에 뼈를 깎는 노력이 있어야 할 것이다.
 앤드루가 그랬다. 불과 수십 년 전에 그의 아버지는 가난한 수공업자였고 아들인 앤드루는 여전히 가난했다. 하지만 그는 지금 부자가 되었다. 불과 수십 년 만에 세상에 몇 안 되는 부자가 된 것이다. 앤드루는 가끔씩 가난한 사람들을 볼 때마다 그런 자신의 경험을 말해 주

고 싶었다. 가진 것 하나 없이 엄청난 노력만으로 일구어 낸 경험을 말이다.

뉴욕으로 온 앤드루는 많은 사업가들을 만나면서 또 다른 사업에 대한 구상을 했다. 뿐만 아니라 그는 월 스트리트에도 입성하게 되었다.
당시, 약간의 여윳돈을 가지고 있는 사람이면 누구나 월 스트리트에 투자를 했고 개중엔 돈을 빌려서라도 투자하는 사람들도 많았다.
부자인 앤드루가 월 스트리트에 관심을 둔 건 어쩌면 당연한 일이었다. 하지만 앤드루는 월 스트리트가 정직하지 못한 곳이라는 것을 간파했다. *매점매석이라든가 *내부자 거래라든가 주가를 조작하거나 담합하는 불법 행위들이 공공연하게 벌어지는 데 대해 무척이나 심기가 불편했다.
그런 행위들을 잘 이용한다면 쉽게 돈을 벌 수 있다는 것을 잘 알고 있었지만 앤드루는 이러한 유혹들을 단호히 거절했다.
"값을 치르지 않고 어떤 것도 사지 않을 것이고 가지고 있지 않으면서 사람들의 눈을 속여 팔지는 않을 것이다!"
앤드루가 부당한 거래를 하자고 유혹하던 사람들에게 했던 말이다.

매점매석 : 가격이 오를 것이라 미리 예상하고 부당한 이익을 많이 남기기 위해 물건을 한꺼번에 사들이는 것. 또는 가격이 곧 많이 오를 것을 예상하고 비싼 값을 받기 위해 물건을 팔지 않는 것.

내부자 거래 : 투자자가 어떤 판단을 내리는 데 있어서 중요한 영향을 주는 미공개 정보를 이용하여 자신에게 유리하도록 이익을 부당하게 취득하는 거래.

사람의 마음을 움직이는 힘

앤드루는 월 스트리트에 투자하는 대신, 새로운 사업들에 대해 살피고 기존 사업들에 대한 투자를 더욱 확대했다. 철교를 만드는 사업과 기존 사업에 침대차 사업을 합병하는 등 앤드루는 다양한 사업들에 투자를 했다.

이러한 투자들은 그저 돈이 많은 자본가의 마구잡이식 투자가 아닌 앤드루의 치밀하고 세밀한 분석 끝에 이루어진 투자들이었다. 그 예가 바로 풀먼과의 합병이었다.

침대차를 개발하는 회사를 가지고 있던 풀먼은 미국 동부와 서부를 아우르는 아메리카 대륙의 모든 노선에 침대차를 도입할 계획을 가지고 있었다.

이러한 풀먼의 아이디어에 앤드루뿐만 아니라 많은 사람들이 투자하고 싶어 했다. 대륙을 오가는 기나긴 기차 여행에 안락한 침대차를 도입한다면 사람들이 편리하게 이용할 수 있을 것이기 때문이었다.

그러한 사실을 잘 알고 있던 풀먼은 투자자들에게 까다로운 조건을 걸거나 혹은 자신의 입맛에 맞는 사람을 투자자로 선택할 가능성이 컸다.

"너무 걱정하지 말게나, 조지."

앤드루는 자신의 곁에서 언제나 사업을 도와주고 있는 사촌 조지에게 말했다.

"무슨 방법이라도 가지고 있는 건가? 풀먼 그자는 참 까다로운 사람이네."

"알아. 자네 말처럼 무척이나 까다로워 보이더군. 그런데 말일세. 풀먼 그 사람, 제법 명예욕이 있는 것 같더군."

"명예욕?"

"요 며칠 동안 풀먼의 행적을 조사해 봤는데 계약을 성사시킬 수 있는 열쇠가 바로 그자의 명예욕이란 걸 깨달았네."

"무슨 말을 하는 건지 알아듣게 말해 주지 않겠나?"

"조금만 기다려 보게. 곧 그가 사인한 계약서를 보게 될 테니까 말이야."

앤드루는 의아해하는 사촌 조지의 얼굴을 보며 넉넉한 미소까지 지어 보였다. 자신감의 표현이었다.

며칠 후, 앤드루는 한 호텔로 향했다.

"안녕하세요, 풀먼 씨!"

마침 같은 호텔로 들어오고 있던 풀먼과 호텔 계단에서 마주치자 반갑게 인사를 했다.

"아! 안녕하십니까? 카네기 씨."

풀먼이 깜짝 놀라 인사를 했다.

풀먼은 앤드루와 이야기를 나눠 본 적은 없었지만 앤드루를 잘 알고 있었다. 사실 앤드루는 세상에서 모르는 사람이 없을 정도로 아주 유명한 인사였다. 그에 비해 풀먼의 인지도는 앤드루에 비해 비교도 되지 않을 정도로 낮았다. 사업을 하는 사람들에게서 그나마 조금 알려진 정도였다.

그런데, 앤드루가 먼저 자신을 알아보고 인사를 했다는 사실에 풀먼은 기분이 무척 좋았다.

"안 그래도 꼭 한번 만나고 싶었는데 여기서 이렇게 뵙게 되는군요."

"절 만나고 싶었다고요?"

"물론이지요. 제게 시간을 내주시겠습니까?"

사실, 이곳 호텔에서 풀먼을 만나게 된 것은 우연이 아니었다. 앤드루가 풀먼의 스케줄을 미리 알아내어 호텔에서 우연히 만난 것처럼 꾸몄던 것이다.

호텔 안으로 자리를 옮긴 풀먼과 앤드루는 사업에 대해 말을 나누었다.

"돌려서 말하지 않겠습니다. 전 풀먼 씨와 같이 사업을 하고 싶습니다. 아마도 좋은 파트너가 되지 않을까 합니다만."

"글쎄요. 워낙 투자를 하겠다는 사람이 많아서."

풀먼은 앤드루의 제안에 쉽게 대답하지 않았다.

사실 풀먼의 말이 거짓은 아니었다. 많은 사람들이 풀먼과 함께 사업을 하고 싶어 했다. 그만큼 풀먼의 아이디어는 매력이 있었다.

"유니언 퍼시픽 회사와의 계약 때문에 골치 아프신 거 아닌가요?"

앤드루의 말에 풀먼은 깜짝 놀랐다. 앤드루가 풀먼의 사정을 정확하게 꿰뚫고 있었기 때문이었다. 사실 유니언 퍼시픽에서 터무니없는 조건을 요구하여 풀먼은 무척이나 고민 중이었다.

"그거야 뭐 조금 시간이 지나면 해결될 겁니다."

"어떻습니까? 제가 가지고 있는 철도 회사와 합병을 한다면 풀먼 씨가 유니언 퍼시픽과 계약하지 않아도 될 것이라고 생각합니다만."

"합병이라고 했습니까?"

앤드루와 합병을 한다면 풀먼에게도 밑질 게 없었다.

"그렇습니다. 저는 회사 이름까지 생각해 뒀습니다. '풀먼 궁전 침대차' 회사라고요. 마음에 들지 않습니까?"

"제 이름만 써도 상관없습니까?"

"물론입니다."

"좋습니다. 회사를 합병하기로 합시다!"

풀먼은 회사 이름에 자신의 이름이 먼저 들어가는 것만으로도 무척 기분이 좋을 터인데 온전히 자신의 이름만 사용한다는 것에 너무도 기분이 우쭐해져 단번에 합병에 동의했다. 왠지 유명한 앤드루보다도 자신이 더 유명해진 것 같았기 때문이었다.

예상한 대로 풀먼과의 합병은 앤드루에게 많은 이익을 가져다 줬다.

1870년대 초가 되자 앤드루는 침대차·오일·철강·전신·철교·철도 사업 등을 성공적으로 이끌며 주식, 채권, 담보 등으로 많은 돈을 벌고 있었는데 연간 수입이 10만 달러를 넘고 있었다. 지금의 가치로는 수십억 달러가 넘는 돈이었다.

검은 거래의 늪, 주식 조작

제이는 회사를 빼앗긴 밴더빌트가 조직폭력배를 동원한 일이 실패로 돌아갔다고 해도 회사를 포기할 생각이 전혀 없다는 것을 잘 알고 있었다. 밴더빌트는 자존심이 무척이나 강한 사람이었기 때문에 제이와의 일들이 그의 자존심에 커다란 상처를 입혔을 거라는 것은 불 보듯 뻔한 일이었다.

　실제로 밴더빌트는 폭력배를 동원한 게 실패로 돌아가자 자신이 가지고 있는 재산을 이용하여 에리 철도 회사의 주식을 사 모았다. 가장 확실한 방법인 돈을 이용해 회사를 사버리고자 했던 것이다.

　"밴더빌트가 주식을 사들이고 있네. 이대로 가다간 곧 우릴 내쫓을 수 있는 주식을 갖게 될 거야."

　"너무 걱정할 거 없어."

　"좋은 방법을 생각해 둔 게 있나, 제이?"

　피스크는 제이가 호락호락 회사를 내어 줄 사람이 아니란 것을 저번 사건을 통해서 아주 잘 알고 있었기에 이번에도 뭔가 방법을 찾아 뒀을 거라 생각했다.

　"뭘 그리 어렵게 생각하는가? 밴더빌트 그자가 주식을 사들인다면 그만큼 주식을 찍어 내면 될 게 아닌가."

　"자본금도 없이 주식을 막 찍어 내는 것은 불법이 아닌가!"

　피스크는 눈이 동그래졌다.

　"그래서 얼마 전에 전직 고위 공무원을 우리 회사의 이사로 영입한 것이 아닌가. 그자를 동원하면 장부를 조작하는 건 어려운 일이 아니지. 얼마든지 주식을 사들이라고 해! 그만큼 더 찍어 내면 되니까 말이야."

　제이는 밴더빌트가 주식을 사들이자 2년에 걸쳐 주식을 마구 찍어 내 주식의 가치를 떨어뜨렸다. 그 바람에 밴더빌트는 막대한 손해를 입게 되었고 경영권을 되찾는 데도 실패했다.

하지만 그 방법은 제이에게도 위기를 불러왔다. 주식을 조작한 혐의로 재판에 넘겨질 지경에 처한 것이다.

제이는 주식을 조작한 모든 책임을 이사로 영입한 고위 공무원에게 모두 뒤집어씌우고 사장 자리에서 물러나는 선에서 위기를 모면했다. 대단한 처세술이 아닐 수 없었다.

가까스로 빠져나왔지만 제이가 재판을 맡은 판사와 검사를 모두 매수했다는 소문이 파다했다.

비록 감옥에 가진 않았지만 결과적으로 회사에서 쫓겨난 셈이 된 제이는 새로운 사업을 모색하기 시작했다. 제이 굴드의 새로운 사업은 미국 경제를 한순간에 휘청거리게 할 무시무시한 위력을 발휘하게 된다.

8. 긍정의 힘으로 세상을 보라

매사에 긍정적인 인간은 실패에서도 배운다.
긍정은 작게는 개인을, 크게는 사회를 성공으로 이끄는 힘을 가지고 있다.

미국 경제가 흔들리다

1870년대에 들어서자 빠른 성장을 해 오던 미국의 경제에 불황의 조짐들이 생겨나기 시작했다. 물가는 가파르게 상승했고 실업자들이 늘어 갔다.

앤드루는 그러한 경제 상황들을 심각하게 받아들였다. 무언가 거대한 먹구름이 몰려오고 있다는 것을 느꼈다. 하지만 그건 단순히 앤드루의 감각에 의한 것이 아니었다.

그는 일부 경제학자들의 경고를 귀담아듣고 있었던 것이다. 앤드루는 돈이 많아지면서 여유가 있을 때마다 학문적으로 뛰어난 사람들과 토론을 하거나 학술 발표회를 듣는 일을 좋아했다.

앤드루가 관심을 가졌던 학문은 역사와 문학 그리고 경제였다. 그중 경제 분야에서 일부 학자들이 작금의 경제 상황에 대해 어두운 전망을 내놓았는데 앤드루는 그들의 주장에 귀를 기울였던 것이다.

앤드루는 그들이 제시한 해결책 중에 우선 믿음직스럽고 능력이 뛰어난 사람들을 골라내어 회사의 요직을 맡기고 방만한 회사를 정리하기 시작했다. 일종의 구조조정을 단행한 것이다. 이로 인해 많은 근로자들이 공장에서 해고되었다.

뿐만 아니라 앤드루는 되도록 많은 현금을 준비해 두었다. 갑작스럽게 생길 수 있는 유동성에 대비하기 위해서였다.

앤드루가 남긴 오점

1870년대 중반에 접어들면서 경제학자들의 경고는 현실이 되어 나타나기 시작했다. 경제공황이 시작된 것이었다. 경제는 급속도로 얼어붙었고 자금이 잘 돌지 않게 되면서 회사가 하나둘씩 쓰러져 갔다. 거리에는 직장을 잃은 근로자들로 넘쳐 났다.

상황은 점점 악화되어 그동안 제법 부를 이루었던 사람들까지 하루아침에 파산하여 거리로 내몰렸다.

그중에는 앤드루의 옛 상사 토머스 스콧도 포함되어 있었다. 토머스는 점점 상황이 악화되어 도저히 자신의 손으로 어찌할 수 없는 처지가 되자 앤드루를 찾아왔다.

"앤디, 부탁이네. 이번 한번만 나를 도와주게! 자네도 요즘 상황이 어떤지 잘 알고 있지 않은가. 내 이렇게 자네에게 간절히 부탁하겠네!"

앤드루에게 무릎을 꿇은 건 아니었지만 그의 목소리는 너무도 애절했다.

토머스 스콧이 누구인가. 그 옛날 앤드루를 발탁하여 오늘날 이런 엄청난 부자가 될 수 있는 토대를 만들어 준 은인이 아닌가. 그건 앤드루뿐만이 아니라 주위 사람들이면 누구나 알고 있는 사실이었다.

"미안합니다, 토머스. 이미 저에겐 당신을 도와줄 만한 자금이 없습니다."

앤드루의 입에서 나온 매정한 거절은 토머스뿐만 아니라 주위 사람들에게도 너무나 큰 충격이었다. 자금이 없다는 건 너무도 뻔한 핑계였고 거짓말이었던 것이다.

"그런가? 알겠네……. 자네에게서 그런 소리를 듣게 될 줄은 몰랐군."

앤드루에게 거절을 당한 토머스는 너무도 참담한 표정이 되어 돌아섰다.

토머스는 앤드루가 거절할 것이라고는 전혀 예상치 못한 것 같았다. 그는 어깨를 축 늘어뜨리고 쓸쓸히 사무실에서 걸어 나갔다. 아마도 토머스는 절망보다 더한 인간적인 배신감을 느꼈으리라. 어찌 그렇지 않겠는가? 그동안 어린 앤드루를 발탁해 누구보다 아끼고 키워 주지 않았는가.

앤드루 주위에 있던 사람들은 토머스의 도움 요청을 거절한 앤드루의 행동에 무척이나 충격을 받았다. 자신들이 알고 있는 앤드루는 도저히 그럴 사람이 아니라고 생각했던 것이다.

"말해 보게. 어째서 그에게 도움 주는 것을 거절한 것인가? 내가 모르는 이유가 있는 건가?"

친구이자 사촌이며 충실한 사업 파트너인 조지가 물었다.

조지는 앤드루의 결정을 도저히 이해할 수가 없었다. 조지가 알고 있는 앤드루는 은인도 몰라볼 만큼 수전노가 아니었다. 앤드루는 이미 고향인 던펌린이나 지역 사회에 도서관을 짓거나 빈민 구제 기금을 조성하는 등 많은 기부를 해 왔다.

"미안하네, 조지. 지금 난 아무 말도 하고 싶지 않네."

하지만 앤드루는 이유를 말해 주지 않았다.

결국 토머스는 경제 불황의 먹구름을 헤쳐 나가지 못한 채로 파산했고 몇 년 후에 쓸쓸히 숨을 거두게 되었다.

토머스가 숨을 거두었다는 소식은 앤드루에게도 전해졌다. 앤드루는 그 후 한참 동안을 정신적인 고통에 시달렸다.

"조지, 나도 그때 왜 그랬는지 모르겠네……. 어째서 토머스를 도와주지 않았던 것인지. 아마, 아마 내 마음속에 보타의 일이 남아 있었던 것 같네. 그렇다고 해도 그건 너무 옹졸하고 비겁한 결정이었네. 이런 내가 너무 부끄럽고 비참하다네……."

앤드루가 한참 동안이나 후회에 찬 고통에 시달리다 평소에는 거의 입에 대지 않는 술을 마시면서 조지에게 한 말이었다.

앤드루가 말한 보타의 일이란 건 아주 오래전 일이었다.

앤드루가 토머스와 함께 일을 하던 시절 한 여인을 만난 적이 있었다. 그녀의 이름은 보타였다. 교양이 넘쳤으며 무척이나 밝고 명랑한 성격의 여성이었다.

극심한 마마보이로 여자에 대해서 무관심하다시피 했던 앤드루는 그녀에게 제법 관심을 가지게 되었다. 하지만 얼마 지나지 않아 그 여인은 토머스의 애인이 되어 버렸다.

앤드루는 겉으론 아무런 티를 내지 않았지만 많은 상처를 받았다. 그렇기에 토머스가 앤드루에게 도움을 요청했을 때 그 아픔이 떠오른 것인지도 모른다. 토머스의 도움 요청을 거절한 일은 앤드루를 매정한 사람으로 만들었다.

세상에 완벽한 인간은 없는 법이다. 앤드루 역시 불완전한 한 인간으로 장점 못지않게 많은 단점과 약점을 가지고 있었다. 토머스와의 일화도 그중 하나였다.

또, 앤드루는 자신의 회사에서 일하는 노동자들에게 제법 강도 높은 노동을 요구한 반면, 임금 인상에는 무척이나 소극적이었다. 이것 역시 앤드루의 단점 중 하나였다.

그러나 그는 그런 단점들을 뛰어넘어 장점으로 바꾸려고 노력했기에 훗날 인류 역사상 가장 많은 재산을 사회에 기부한 사람으로 칭송받게 되었다.

절망을 희망으로 바꾸다

불황은 모든 사람에게 절망을 준 것은 아니었다. 준비된 사람에게는 불황도 절호의 기회가 될 수 있었다. 앤드루가 그랬다.

많은 사람들은 재산을 모두 잃고 망할까 봐 전전긍긍하고 있었지만 앤드루는 아무런 걱정을 하지 않았다. 그는 늘 긍정적인 사고의 소유자였다.

사물이나 현상에 대해 부정적이지 않은, 긍정적인 면을 보기 위해 노력했다. 똑같은 사실이라도 어느 부분에 더 집중하여 받아들이는가에 따라 결과는 하늘과 땅 차이가 될 수 있다는 것을 앤드루는 잘 알고 있었던 것이다.

이미 불황을 예상해 많은 자금을 모아 두고 있었던 앤드루는 불황으로 망한 알짜배기 기업들을 싼값에 매입할 수 있었다.

그건 정말로 엄청난 기회였다. 철강 업계에서 작은 규모의 업체들이 많이 망하거나 손실을 입었는데, 이들이 앤드루의 회사로 편입되면서 앤드루의 회사는 점점 덩치가 커져 갔던 것이다.

시간이 흐르자 길고 어두운 불황의 먹구름 사이로 밝은 햇살이 하나 둘씩 비춰지기 시작했다. 마침내 불황의 먹구름이 완전히 사라졌을 때 앤드루는 몇 손가락 안에 드는 최고의 갑부로 우뚝 서 있었다.

시장을 조종하는 세력

한편, 사장 자리에서 쫓겨난 제이 굴드에게 기가 막힌 정보가 하나 굴러들어 오게 된다.

미국 정부가 남북전쟁 중에 발행한 *국채를 금으로 바꾸는 정책을 시행할 거라는 정보였다. 이른바 금본위 정책이었다. 그렇게 되면 금값이 오를 거란 사실은 불 보듯 뻔한 일이었다.

"뭘 고민하는 것인가, 제이! 지금부터 금을 부지런히 사 두기만 하면 되는 것이 아닌가?"

피스크가 물었다.

"물론 그렇긴 하지만 그것만으로는 모자라."

"그게 무슨 뜻인가?"

피스크는 제이가 무슨 생각을 하고 있는지 파악할 수가 없었다.

"난 금시장을 완전히 조종하고 싶단 말일세! 말하자면 금을 푸는 시기와 그렇지 않은 시기를 조종한다는 뜻이야. 그렇게 되면 그야말로 막대한 *시세 차익을

국채 : 국가에서 재정 부족을 보충하기 위해 발행하는 채권.

시세 차익 : 매매의 결과나 당시 가격의 변동으로 얻는 이익.

얻을 수 있지."

제이의 말에 피스크는 쩍 벌어진 입을 다물 수 없었다. 그의 말은 시장경제를 자신의 마음대로 조종하겠다는 말과 똑같은 것이었다.

"자네가 말하는 게 무슨 뜻인지는 알겠네만 그건 불가능한 일이야."

"천만에! 이 세상에 불가능한 일은 없네. 돈은 그 어떤 불가능한 상황도 가능하게 만들어 주는 마법 같은 힘이 있지."

제이는 자신에 찬 어조로 말했다. 그의 말은 곧 돈으로 시장을 매수하겠다는 의미였다.

"아벨 코빈이라고 아는가?"

"아벨 코빈이라면…… 혹시 그랜트 대통령의 처남을 말하는 것인가?"

"바로 그자이네. 내 계획을 실현시키기에는 안성맞춤인 사람이지. 앞으로 꽤 재미있는 일들이 벌어질 것이야."

피스크는 악마가 제이의 몸속에 스며들어 그를 조종하는 게 아닌가라고 생각했다. 제이에게는 부정과 부패란 개념 자체가 없는 것 같았다.

곧 제이는 자신의 계획대로 대통령의 처남을 고용하고 그를 통해 정부 관리들을 매수했다. 금시장은 제이의 손아귀로 하나둘씩 들어오기 시작했다. 제이는 금시장을 마음대로 조종하면서 막대한 돈을 벌어들였다.

그의 이러한 행동은 금값을 천정부지로 올려놓았다. 그러자 주식 시장이 폭락했다. 주식에 투자해야 될 자금들이 금시장으로 몰렸기 때문이었다.

주식 시장이 휘청거리자 위기를 느낀 미국 정부는 금값을 안정시키기 위해 정부가 가지고 있는 금을 시장에 풀기로 결정했다. 정부는 시장의 혼란을 우려해 이날의 결정을 비밀에 부쳤다.

하지만 이 소식은 매수해 놓은 정부 관리들을 통해 곧바로 제이 측에 전해졌다.

"소식 들었나, 제이! 정부에서 금을 풀 거라는 소리 말이야!"

피스크가 고급 레스토랑에서 식사를 하던 제이에게 다급하게 말했다.

"현재 시장 상황은 어떤가?"

"아수라장이야. 다들 금을 사려고 난리들이야! 하긴 자고 일어나면 금값이 폭등하는데 당연한 일이지! 주머니에 돈이 조금이라도 있는 자들은 다들 금을 사 두고 싶겠지."

"그럼 우리가 사 모아 뒀던 금을 풀게."

"금을 풀라고 했나? 모두 말인가?"

"정부에서 금을 풀 것이라는 소식을 들었다면서 그걸 내게 묻는 것인가? 정부에서 금을 풀면 당연히 금값이 폭락하겠지. 그전에 금값이 가장 높게 치솟은 지금 파는 게 당연한 일이 아니냔 말이야!"

제이는 답답하다는 듯이 언성을 높이며 버럭 소리를 질렀다.

"그, 그걸 모르는 게 아니라 난 우리가 내놓은 금을 산 사람들이 불과 며칠 사이에 쪽박을 차게 될 것이라 그것 때문에……."

탁!

피스크의 대답에 제이는 살짝 구워 핏물이 흥건히 배어 나오는 두툼한 어린 송아지 고기를 자르려다가 나이프를 내려놓았다.

"자네가 말하는 그자들이 자네에게 이런 고기를 한 번이라도 사 준 적이 있는가? 난 한 번도 그런 적이 없어. 무슨 말인지 알겠는가? 그자들이 어떻게 되든 상관없어. 길거리로 나앉든 거지가 되어 구걸을 하러 다니든 난 아무 관심도 없단 말일세. 그런 자들이 내게 해 준 게 뭐라고! 어차피 세상은 가진 자와 못 가진 자로 나뉘게 되어 있어! 가진 자가 되기 위해선 누군가에게서 뺏어야 되는 거야!"

피스크는 제이의 말에 아무 말도 할 수가 없었다.

설령 제이의 말이 자신의 생각과 다른 것이라 해도 제이의 기분을 건드리고 싶지 않았다. 제이가 자신을 안 좋게 생각할까 두려웠던 것이다.

기분이 언짢아져서 입맛이 떨어졌는지 물끄러미 고기를 내려다보던 제이가 다시 나이프와 포크를 집어 고기를 입에 넣었다.

그리 입맛이 있었던 것은 아니었지만 고기를 남겨 두기 싫었기 때문이었다. 자신이 값을 지불한 고기를 혹 다른 누군가가 먹을지도 모르기에.

魔의 금요일

제이가 가지고 있던 금을 모두 높은 값에 팔아 치우고 난 며칠 후 금요일, 정부에서 시장을 안정시키기 위해 금을 풀 것이라는 발표를 하자 금값은 순식간에 폭락했다.

"내 돈! 내 돈을 돌려주란 말이야!"

"이건 아니야! 내 돈 내놔!"

거래소마다 금에 투자했다가 엄청난 돈을 잃거나 파산한 사람들로 아우성이었다. 모든 것을 잃고 길거리로 나앉아 스스로 목숨을 끊는 사람들도 속출했다. 그야말로 금융시장이 붕괴되어 엄청난 경제 혼란이 일어난 것이다. 이날을 미국 경제 역사는 검은 금요일, 즉 '블랙 프라이데이'라 이른다.

제이 굴드는 당연히 엄청난 시세 차익으로 막대한 돈을 벌어들였는데 그것은 도덕적으로나 상법으로나 명백한 범죄였다.

이에 미국 상원은 제이와 피스크를 포함한 그의 측근들을 내부 거래 및 주가 조작 혐의로 수사하기 시작했다.

"하하하하! 가소로운 것들! 나를 수사하겠다고? 나를 감옥에 집어넣을 수 있을 것 같아?"

수사가 시작되었지만 제이는 조금도 두려워하지 않았다.

"걱정할 거 없어. 저들이 대통령의 처남과 영부인을 조사할 수 있겠어? 천만에! 그건 정치적인 문제야. 절대로 더 이상 조사가 진행되지 않아."

제이의 말처럼 대통령의 부인과 처남을 증언대에 세울 수 없게 되자 수사는 흐지부지 끝나버렸다. 제이를 감옥에 집어넣지 못한 것이다.

하지만 언론은 제이에게 '악덕 사업가Robber baron'라는 낙인을 찍어 주었다.

언론이 뭐라고 떠들어 대든 제이는 신경도 쓰지 않았다. 자신을 그렇

게 부르는 자들은 패배 의식에 젖은 열등아들이라고 생각했다. 사람들이 뭐라고 하든 말든 제이는 늘 해 오던 대로 사업을 계속해 나갔다.

9. 자신을 사랑하라

내가 인생에서 배워야 할 세 가지는
서두르거나 혼동하지 않고 명료하게 생각하는 것,
모든 사람을 진지하게 사랑하는 것,
모든 것에 대해 최고의 동기를 가지고 행동하는 것이다.

루이즈와의 첫 만남

앤드루는 거의 연애를 해 본 적이 없었다. 마음속으로 한두 번 여성을 좋아해 본 경험은 있었지만 데이트를 하거나 정식으로 사귀어 본 적이 없었던 것이다. 그것은 앤드루와 그의 어머니인 마거릿과의 특별한 관계 때문이었다.

앤드루는 어머니를 무척이나 좋아해 어머니가 싫어할 만한 일을 하지 않았다. 어머니 역시 앤드루라면 끔찍이 생각했고 하나에서부터 열까지 꼼꼼하게 챙겨 주는 것이 낙이었다.

지독한 마마보이였던 셈이다. 그러다 보니 그는 여성을 만날 기회가 없었다. 하지만 나이가 마흔 살이 넘어가면서 앤드루는 문득문득 깊은 외로움을 느꼈다.

이미 세계 최고의 갑부로 불릴 만큼 성공했지만 그의 곁에는 자신의 식구가 없었다. 어머니와 일찍 결혼한 동생, 그리고 조카들이 있긴 했지만 정작 자신은 부인도 아이도 없었다. 어머니만으로 대신할 수 없는 게 있었던 것이다.

1880년 새해 첫날, 앤드루는 두꺼운 외투를 걸쳐 입고 밖으로 향했다. 늘 해 오던 대로 새해 인사차 친구들을 만나 볼 생각이었다.

제법 찬바람이 외투를 타고 흘러 들어왔다. 요즘 들어 겨울바람이 유난히 찬 것 같았다.

친구인 아그네스 킹을 만나고 집으로 돌아오던 앤드루는 화이트필드 가족이 생각났다. 화이트필드는 킹의 친구로, 몇 년 전 킹에게 소개받은 적이 있었다. 그 후 그들은 화이트필드의 집에 초대되어 함께 식사를 했었다. 그런데 오늘 킹에게서 화이트필드가 2년 전에 죽었다는 소리를 들은 것이다. 문득 화이트필드 가족이 떠올랐던 앤드루는 가족을 위로하고자 그의 집으로 향했다.

화이트필드의 집은 보통의 중산층이었지만 그의 가족은 가장의 죽음으로 쉽지 않은 삶을 살고 있었다.
"아니, 카네기 씨가 여긴 어떻게?"
화이트필드의 미망인이 앤드루를 보고 깜짝 놀라지 않을 수 없었다. 너무도 유명한 앤드루가 아무런 연락도 없이 자신의 집을 찾아왔으니 무리도 아니었다.
"여기까지 오셨으니 차라도 한 잔 하세요. 안으로 드시지요."
"그럼 실례하겠습니다."
앤드루가 미망인을 따라 집 안으로 들어섰다.
앤드루가 지내는 곳에 비하면 누추하기 이를 데 없었지만 집 안은 깨끗하고 깔끔하게 정돈되어 있었다.
"루이즈! 어디 있니, 루이즈!"
"저 여기 있어요, 엄마!"
부엌 쪽에서 소리가 들리더니 잠시 후 훤칠하고 늘씬한 키에 까만 눈동자가 무척이나 매력적인 여성이 다가왔다.
"무슨 일이에요, 엄마?"
"손님이 왔단다. 혹시 알아보겠니? 카네기 씨란다. 앤 큰딸 루이즈예요."

"예엣? 그 조그맣던 루이즈라고요?"

앤드루가 화이트필드 가족을 소개받은 게 10여 년 전이었으니 루이즈가 열세 살 때였다. 그때는 그저 조그만 아이였다. 하지만 세월의 흐름과 함께 아름답고 당당한 숙녀로 성장했던 것이다.

"안녕하세요, 카네기 씨. 죄송합니다만 옛날에 카네기 씨를 뵌 기억이 남아 있지 않네요."

"죄송하긴요. 저 역시 그때 루이즈 양의 모습은 잊었답니다."

"정말 다행이네요. 그때 모습은 누구한테도 남기기 싫거든요. 무척 심술쟁이여서 얼굴에 심술이 덕지덕지 붙어 있었을 것 같거든요."

"하하하하! 그런가요? 그런 줄 알았으면 기억해 둘 걸 그랬네요."

루이즈의 나이 스물세 살. 무척이나 상큼하고 명랑한 아가씨였다.

"앉으세요. 집이 누추하지만 차는 정말로 맛있답니다."

루이즈는 몸이 좋지 않은 어머니를 대신해 집안일을 하며 가정을 이끌고 있었다.

앤드루는 즐겁고 밝게 생활하는 루이즈가 무척 마음에 들었다. 같이 이야기를 나누는 것만으로도 기분이 무척 좋아졌다.

화이트필드 집에서 돌아온 후 앤드루는 가끔씩 루이즈를 떠올렸다. 결국, 며칠 후 앤드루는 루이즈의 집으로 다시 걸음을 옮겼다.

"화이트필드 부인. 루이즈 양과 말 타기 모임에 함께 가고 싶은데 허락해 주시겠습니까?"

루이즈의 어머니는 전혀 생각지도 못했던 앤드루의 요청에 놀라지 않을 수 없었다.

"저보다는 루이즈에게 직접 물어보는 것이 낫겠지요."

어머니는 이내 루이즈를 불렀다.

"저와 말 타기 모임에 함께 가시지 않겠습니까?"

앤드루는 루이즈에게 정중하게 물어보았다. 그런데 평소와는 다르게 심장박동이 가파르게 상승하면서 무척이나 두근거리는 것을 느꼈다. 초조하고 조마조마하기까지 했지만 앤드루는 그런 자신의 모습이 드러나지 않게 하려고 무척 노력했다.

"좋아요! 카네기 씨라면 언제든 환영이에요."

잠시 뜸을 들이던 루이즈가 시원스럽게 대답했다.

앤드루는 루이즈의 대답을 듣는 순간 너무도 기뻐서 펄쩍 뛰며 소리칠 뻔했지만 간신히 참았다.

앤드루와 루이즈의 말 타기가 시작되었다. 말하자면 말 타기를 구실로 한 데이트가 시작된 것이다. 두 사람이 함께 하는 시간은 무척이나 즐겁고 설레었다. 앤드루는 씩씩하고 명랑하며 젊기까지 한 루이즈에게 푹 빠져 버렸다.

앤드루는 사랑에 빠지긴 했지만 그건 어디까지나 다른 사람들과 다른 방식, 온전히 그만의 방식으로 사랑했다. 그저 친한 친구처럼 승마를 함께 하고 식사를 하거나 여러 가지 관심 사항에 대해 대화를 하는 식이었다. 열정적인 사랑과는 많은 차이가 있었지만 루이즈는 그런 앤드루의 조용한 사랑을 좋아했다.

물론 둘 사이에는 스무 살 이상의 나이 차가 있었기에 남의 말을 하기 좋아하는 사람들은 둘의 사랑을 색안경 쓰고 바라보았다. 말하자면 젊은 여자가 앤드루의 돈을 보고 연애를 한다는 그런 편견 같은 것이었다.

하지만 둘의 사랑은 그런 것과는 분명히 차이가 있었다. 앤드루가 여자를 좋아해서 젊은 여성과 여러 번 결혼한 것도 아니었고, 어떻게 보면 이번이 일생을 통틀어 처음 해 보는 본격적인 연애이자 사랑이었다.

결혼의 장벽

앤드루는 루이즈를 자신의 어머니를 비롯하여 모든 가족들에게 소개했다. 그 후로도 가족들과의 모임에 자주 초대했다.

문제는 어머니의 반응이었다. 어머니를 무척이나 따르는 앤드루의 성향에 비춰 보면 어머니의 반응은 이 커플의 미래를 결정하는 데 중요한 역할을 할 게 분명했다.

"처음 뵙겠습니다. 루이즈라고 합니다."

루이즈는 내심 잔뜩 긴장했지만 웃음을 잃지 않았다.

"그래, 내 아들 앤디와는 무슨 관계지?"

앤드루의 어머니 마거릿은 대뜸 앤드루와의 관계부터 물었다. 그녀의 눈빛은 무척이나 냉정해 보였다.

"좋은 친구 사이입니다."

"친구? 그렇다면 다행이군. 앤디의 돈을 노리고 접근하는 여자들이 너무 많아서 꼭 물가에 애를 내놓은 것 같거든."

루이즈에게 대놓고 앤드루의 돈을 노리는 여자 취급을 한 건 아니지만 루이즈가 마음에 들지 않은 건 분명했다. 그건 루이즈도 분명히 느낄 수 있었다.

그런 마거릿의 태도는 두 사람 사이의 애정 문제에 있어 큰 암초임에 분명했다. 무엇보다도 못마땅해 하는 어머니의 뜻을 거스르고 결혼을 선택할 앤드루가 아니었던 것이다.

짐작대로 앤드루는 다른 움직임이 전혀 없었다. 이를테면 약혼을 한다거나, 결혼을 약속하는 것 말이다. 물론 그 정도로 자신의 애정을 적극적으로 드러내는 앤드루도 아니었고, 무엇보다도 앤드루는 무척이나 바쁜 몸이었다. 이미 엄청난 갑부에 유명 인사였던 앤드루의 일정은 늘 빡빡하게 짜여 있었다. 그런 바쁜 일정에도 간간이 앤드루의 마음을 담은 편지가 루이즈 앞으로 배달되었다.

"루이즈, 카네기 씨를 포기하렴."

루이즈의 어머니가 근심 어린 표정으로 말했다.

"엄마는 카네기 씨가 마음에 들지 않으세요?"

"그런 게 아니란다. 나 역시 카네기 씨가 네 상대가 되었으면 하고 무척 기대했단다. 하지만 벌써 몇 년이 지나도 그대로잖니."

그랬다. 앤드루는 루이즈와 사랑을 한 지도 벌써 몇 년이 지났지만 둘 사이는 그저 그대로였다. 두 사람이 만나는 횟수도 많이 줄었을 뿐만 아니라 앤드루가 일 때문에 해외에 가 있게 되면 몇 달씩 서로 얼굴을 보지 못했다.

그렇게 시간이 흘렀고, 둘이 연애를 시작한 지도 3년이라는 세월이 지나갔다.

"루이즈. 난 당신을 너무도 사랑하고 있소. 나와 결혼해 주지 않겠소?"

루이즈에게 몇몇 남성들이 청혼을 했다. 아름답고 명랑한 미인인 루이즈를 다른 남자들이 그냥 놔둘 리가 없었다. 특히 어머니인 화이트필드 부인은 루이즈에게 청혼한 클락이라는 청년을 마음에 들어 했다. 그리 큰 부자는 아니었지만 능력이 있었고 외모도 훌륭했다. 화이트필드 부인은 차라리 루이즈가 클락과 결혼하는 편이 행복할지도 모른다고 생각했다.

루이즈 역시 무척이나 흔들렸다. 비록 앤드루를 사랑하고 있었지만 앤드루와의 미래는 너무도 불투명했다. 무엇보다도 앤드루의 어머니 마거릿이 있는 한 결혼은 힘들 것이라는 어머니의 설득이 루이즈의 마음을 뒤흔들었다. 루이즈 역시 같은 생각이었기 때문이었다.

루이즈는 클락의 청혼을 받아들이기로 마음먹었다.

바로 그날 저녁, 누군가 루이즈의 집 대문을 두드렸다.

"앤디! 당신이 어떻게 여기에?"

집 앞에는 몇 달 전 유럽으로 출장을 간 앤드루가 서 있었다.

"루이즈. 꼭 해야 할 말이 있어서 왔소. 나와 약혼해 주지 않겠소?"

루이즈는 놀라지 않을 수 없었다.

늘 기다려 왔지만 영영 앤드루의 입에서 들을 수 없는 말이라고 생각해 왔었다. 그런데 클락의 청혼을 받아들이기로 한 순간에 거짓말처럼 눈앞에 나타나 앤드루가 자신에게 손을 내민 것이다.

사실 거기에는 사연이 있었다. 막 유럽에서 돌아온 앤드루에게 친구인 킹이 루이즈가 많은 남자들로부터 청혼을 받고 있다고 하자 다급한 마음에 루이즈의 집으로 한걸음에 달려온 것이다.

"내 마음을 거절하는 건가요, 루이즈?"

"아뇨, 좋아요. 당신과 함께 하고 싶어요, 앤디."

루이즈의 눈에는 기쁨의 눈물이 글썽거렸다.

앤드루와 루이즈는 약혼식을 올렸다. 하지만 둘의 약혼은 루이즈의 기대와는 사뭇 다른 것이었다. 그것은 양쪽 집안의 아주 가까운 사람만 초대하는 조촐한 약혼식이었던 것이다.

물론 루이즈가 화려하고 요란한 약혼식을 기대한 것은 아니었지만 마음이 불편했다. 그것은 바로 앤드루의 어머니가 취한 행동 때문이었다.

앤드루의 어머니 마거릿은 약혼식 내내 얼굴을 펴지 않고 냉담한 표정을 하고 있었다. 마치 앤드루 때문에 약혼을 하지만 결혼은 꿈도 꾸지 말라는 그런 표정이었다.

이렇게 초라한 약혼을 하게 된 건 앤드루가 어머니의 눈치를 보기 때문인 듯했다.

루이즈의 불길한 예감은 그대로 맞아떨어졌다. 마거릿은 이런저런 핑계를 대며 약혼을 한 앤드루와 루이즈의 결혼을 허락하지 않았고 앤드루는 일을 핑계 삼아 그런 어머니의 눈치를 살폈다.

마침내 약혼한 지 1년이 지난 후 앤드루가 어머니와 함께 마차 여행을 떠난다는 소식을 들었을 때 루이즈는 더 이상 참을 수가 없었다.
"앤디. 우리 이제 파혼하는 게 서로를 위해서 좋을 것 같아요. 부디 좋은 사람 만나서 행복하길 빌게요."
"루이즈! 기다려요, 루이즈!"
파혼을 선언하고 집으로 돌아온 루이즈의 눈에선 쉴 새 없이 눈물이 흘러내렸다. 앤드루와의 즐거웠던 시간들이 눈물과 함께 하나둘씩 떨어져 내렸다. 그렇게 눈물이 흐르고 나면 이제 영영 앤드루를 다시 보지 못할 거라 생각했다.

마흔 살이 훨씬 넘은 아들의 결혼을 허락하지 않는 어머니, 또 그런 어머니의 눈치를 보며 자신의 생각을 확실하게 말하지 못하는 아들. 도저히 이 이해할 수 없는 관계의 주인공이 앤드루라는 사실이 미스터리할 정도이다. 늘 확신과 자신감에 차 있고 자신이 믿는 바를 행함에 있어 주저하는 법이 없었던 앤드루가 아닌가.

비록 루이즈와 파혼을 하긴 했지만 앤드루는 루이즈를 떠날 수 없었다. 앤드루는 틈만 나면 루이즈에게 자신의 마음을 담아 편지를 보냈다.

갑작스러운 죽음

그 일이 있고 2년 후인 1886년 앤드루의 친동생인 토머스가 폐렴에 걸려 병세가 심각해졌다. 사실 토머스는 앤드루로 인해 엄청난 스트레스에 시달렸었다. 앤드루는 동생의 삶에 많은 간섭을 해 왔는데 조용하고 내성적인 성격이었던 토머스는 큰 압박감을 받아왔던 것이다.

앤드루가 엄청난 성공을 하면서 형의 그늘에 가려진 열등감과 오직 형만을 신경 쓰는 어머니에게서 오는 소외감이 합쳐져 알코올 의존증에 걸릴 만큼 술에 빠져 지냈다. 결국 토머스는 폐렴에 걸린 지 3일 만에 9명의 자녀를 남긴 채 숨을 거두었다.

토머스의 죽음은 앤드루에게도 앤드루의 어머니에게도 엄청난 충격이었다. 앤드루가 토머스의 삶에 많은 간섭을 한 것은 사실이었지만 그만큼 앤드루는 동생을 사랑했다. 하나에서부터 열까지 모든 것을 보살펴 주고 싶었던 것이다.

아들의 죽음에 충격이 컸는지 앤드루의 어머니 역시 상태가 심상치 않았다. 이미 일흔여섯 살인 앤드루의 어머니는 그전부터 심장이 많이 약해져 있었고 면역력도 떨어져 있었다.

불안한 하루하루가 이어졌다. 그건 루이즈도 마찬가지였다. 이미 2년 전에 파혼을 하긴 했지만 그녀는 앤드루 곁에 있었다. 늘 연락을 해 오는 앤드루를 도저히 끊을 수 없었던 것이다.

루이즈는 앤드루와 그의 어머니의 관계를 누구보다 잘 알고 있었기에 그가 받고 있을 고통과 아픔이 걱정되었다. 루이즈는 자신과의 결혼을 허락하진 않았지만 앤드루의 어머니 마거릿의 쾌유를 진심으로 기원했다.

하지만 결국 마거릿은 고비를 넘기지 못하고 아들 토머스가 죽은 지 불과 20여 일 만에 눈을 감았다. 어머니의 죽음은 앤드루에게 어마어마한 슬픔이자 충격이었다.

마침내 이루어진 결혼

앤드루는 한동안 문을 걸어 잠그고 방 안에서 꼼짝도 하지 않았다. 그도 그럴 것이 가족이자 피붙이인 동생과 어머니가 한 달도 안 된 사이에 모두 앤드루의 곁을 떠났으니 그 아픔이 얼마나 컸을지는 짐작하고도 남을 것이다.

그렇게 동생과 어머니를 보내고 난 후 앤드루는 결혼을 서둘렀다. 자신의 가족을 만들고 싶었던 것이다. 식구들이 모두 떠났으니 어쩌면 당연한 일이었다.

"루이즈. 하늘이 무너지는 큰 슬픔 속에서도 내가 견딜 수 있었던 것은 오직 당신의 미소가 곁에 있다는 것을 알았기 때문입니다. 모두가 나를 떠나고 당신만이 내 곁에 남아 있군요. 이제 당신 안에서 살고 싶습니다. 죽을 때까지 당신의 유일한 사람이고 싶습니다."

앤드루가 루이즈에게 청혼하며 말했다.

마침내 앤드루와 루이즈는 화이트필드 가족의 집에서 간소하지만 따뜻한 결혼식을 올렸다. 앤드루의 나이 쉰둘, 루이즈의 나이 서른이었다.

악랄한 복수

온갖 수단과 방법을 동원해 돈을 끌어모은 악덕 사업가 제이는 수백억 달러를 가진 엄청난 부자가 되었다. 그 옛날 자신이 했던 결심대로 된 것이다.

제이는 어린 시절의 결심만 기억하고 있는 게 아니라 그때 당했던 수모도 잊지 않고 있었다.

그는 수십 대의 고급 승용차를 동원해 어린 시절 고향 마을에 도착했다. 세월이 많이 흐른 고향 마을은 외형적으로 많이 변해 있었지만 제이가 어렸을 적 마을을 지배했던 가문들은 여전히 마을의 유지로 남아 있었다. 그들이 바로 제이를 가랑이 사이로 기게 했던 패거리 네 명의 집안들이었다. 그때 패거리들은 자라서 집안의 재산을 물려받아 떵떵거리고 있었다.

하지만 그들이 가지고 있는 재산은 제이가 가지고 있는 것에 비하면 새 발의 피였다. 제이는 마음만 먹으면 마을 전부를 통째로 사고도 남을 정도의 돈을 가지고 있었으니까 말이다.

제이는 자신이 가진 돈을 이용하여 네 명의 패거리들을 파산시키는 일에 착수했다. 예를 들면 패거리들 중 큰 농장을 가지고 있던 제임스를 파산시키기 위해 제이는 주변의 모든 농장을 사들여 제임스의 농장에서 나오는 생산물의 가격보다 훨씬 싼 가격에 물건을 팔았다. 그러자 제임스 농장의 생산물은 판로가 막혀 버렸다. 가격 경쟁력을 잃어 아무도 비싼 값을 주고 제임스 농장의 생산물을 사려 하지 않았다.

순식간에 어마어마한 손해가 쌓였고 시간이 흐르면서 상황은 더욱 악화되었다. 제임스는 도저히 농장을 운영할 수 없었다. 파산 지경에 이른 것이다.

다른 세 명도 모두 제임스와 마찬가지 상황이었다. 네 명의 패거리들은 모두 파산 직전에 이르러서야 배후에 제이가 있음을 알았다.

"제이 굴드? 자, 잠깐! 굴드라면 혹시 옛날에 철물점에서 일하던 그놈 아니야?"

"맞아, 그놈이야. 어쩐지 이름이 낯익다고 생각했더니 그놈이 그놈일 줄이야!"

"그런데 그놈이 이제 와서 우리에게 왜 이런 짓을 하는 거지?"

"옛날 생각 안 나? 우리가 그놈을 우리 가랑이 사이로 기게 만들었던 거!"

"그, 그럼 설마 이제 와서 그걸 갚아 주려는 거란 말이야?"

"다른 이유가 뭐 있겠어? 그 이후로 그놈을 한 번도 본 적이 없었는데. 분명히 그 일 때문이야!"

"어쩔 거야, 그럼? 그놈에게 가서 빌기라도 할 거야?"

네 명의 얼굴이 똥빛으로 일그러졌다. 제이를 찾아가서 두 손 모아 비는 것은 도저히 자존심이 허락하지 않았다. 하지만 지금은 자존심이고 뭐고 따질 때가 아니었다. 꾸물거리다간 길거리에 나앉게 생겼기 때문이었다.

네 명은 서둘러 제이가 묵고 있는 호텔로 찾아갔다. 제이는 호텔 레스토랑에서 식사를 하고 있었다.

"이보게, 제이. 오, 오랜만일세. 자네를 다시 보게 되는구먼. 삼십 년 만인가?"

"엄청난 부자가 되었다는 소리를 들었네."

"옛날 일을 사과하러 왔어. 다들 철이 없었을 때 일이 아닌가. 용서해 주게, 제이!"

"내 이렇게 빌겠네. 용서해 주게!"

식사를 하고 있는 제이 앞에 패거리 네 명이 나타나 용서를 빌자 레스토랑 안에 있던 많은 사람들이 호기심 어린 눈으로 바라보았다.

쨍강!

순간, 제이가 먹고 있던 스테이크 접시가 바닥에 떨어지며 여러 조각으로 잘린 고기가 흩어졌다.

"내게 구걸하러 온 거지 자식들이군! 그래, 구걸하러 온 놈들이니 바닥에 떨어진 고기를 입으로 집어먹으면 한번 생각해 보지."

제이의 말에 네 명의 패거리는 표정이 일그러진 채 서로 얼굴을 바라보았다. 바닥에 떨어진 고기를 주워 먹는다는 건 도저히 견딜 수 없는 굴욕이었다. 그것도 기어가서 직접 입으로 먹는 것 말이다. 하지만 달리 선택의 여지가 없었다. 파산하지 않으려면 제이의 말을 듣는 수밖에 없었다.

패거리들은 바닥에 엎드려서 떨어진 고기를 입으로 주워 먹었다. 식당 안에 있는 사람들뿐만 아니라 지나가는 사람들까지 몰려들어 그 꼴을 구경했다.

네 명의 패거리는 죽는 것보다 더한 참담함을 느꼈다. 거기다 제이는 다른 접시에 있던 고기들도 잘라 바닥에 뿌렸다.

"이것도 처먹어라, 이 자식들아! 어떠냐, 지금 기분이? 내가 어릴 적 느꼈던 기분이 바로 그 기분이야! 하나도 남김없이 처먹어라, 알겠냐?"

그 후 제이는 패거리들이 감수한 굴욕에도 불구하고 네 명을 모두 파산시켜 버렸다. 뿐만 아니라 남아 있는 재산까지 모두 쥐어짜 완전히 알거지로 만들어 버렸다.

그로 인해 제임스와 다른 한 명은 스스로 목숨을 끊었고, 또 다른 두 명도 비참한 노동에 시달리며 하루하루를 연명하다 죽는다.

제이의 잔인하고도 무시무시한 복수였다.

10. 완벽한 인간은 없다

앤드루 카네기는 근로자들의 노동을 착취해
모든 땀방울로 엄청난 돈을 벌고도 그 대가를 지불하려 하지 않았다.
도서관이나 다른 기관들에 기부한 그의 선물은
전부 노동자들의 피와 땀에서 나온 것이다.
그는 자선가인 척하는 악덕 자본가이다.
- 1892년, 홈스테드 노동자의 분노-

자본과 자선

앤드루가 결혼을 할 즈음에는 이미 세계에서 가장 부유한 사람 중 한 사람이 되어 있었다. 앤드루에게 그런 부를 선물해 준 분야는 그가 성공을 예측했던 철강이었다.

앤드루가 철강에 투자했을 당시 제철 공정은 분업화되어 있었다. 용광로 회사에서 나오는 철 덩어리를 중개인에게 보내면 중개인이 제품에 따라 철판이나 철봉, 철로, 못 등을 제작하는 회사로 보낸다. 그러면 그 회사에서 최종적으로 제품이 만들어지기 때문에 시간이 늘어날 뿐만 아니라 철제품의 단가를 높이게 되는 것이었다.

앤드루는 단가를 내리기 위해 용광로에서 흘러내리는 쇳물을 즉시 같은 공장에서 철판이나 철봉으로 제조하는 공정을 시도했다. 가까운 공장에서 빠른 시간 내에 제조할 수 있었기 때문에 아주 효율적인 방법이었다.

이 방법은 앤드루를 세계 최대의 강철왕으로 만드는 계기가 되었을 뿐만 아니라 더 나아가 미국이 세계 최대 규모의 철강 생산력을 가질 수 있게 한 원동력이 되었다.

앤드루는 공정의 각 단계마다 중량을 달아 철의 손실을 측정하고 손실의 원인을 파악하여 문제를 해결했다. 이는 연속적으로 생산성을 증가시켰다.

이러한 방법으로 생산성이 비약적으로 증가했지만 그에 따라 공장 노동자들의 노동 강도 역시 생산성에 맞춰 증가했다.

미국의 철강 수요는 산업이 발전하면서 기하급수적으로 증가했고,

그에 따라 앤드루가 얻는 이윤도 급증했다. 앤드루는 생산 효율을 올리는 것에 비중을 두고 생산 단가를 내려 투자했고, 경쟁 회사들을 앞서 나가기 시작했다. 1883년에는 '홈스테드 제강소'를 매입하여 철강 산업에서 앤드루의 입지는 더욱 단단해졌다.

앤드루는 자신의 부가 늘어나면서 지갑을 여는 데 인색하지 않았다. 아니 오히려 적극적으로 기부금을 늘려 나갔다. 고향 던펌린에 대규모 도서관과 수영장을 지어 기증했고 미국의 여러 주에도 공공 도서관을 지어 기부했다.

뿐만 아니라 학자를 비롯한 많은 정치가에게도 자금을 지원했는데 특히 공화당을 열심히 지원했으며 열성적으로 동참했다.

사실 앤드루가 생각하는 부에 대한 개념은 오래 전에 이미 머릿속에 박혀 있었다. 앤드루는 한창 돈을 벌어들이던 30대 후반의 나이에 이미 기부에 대한 새로운 리스트를 작성하여 본격적으로 자선 사업을 추진했다. 그 리스트는 다음과 같다.

1. 대학 설립.
2. 무료 도서관 설립.
3. 병원이나 의과 대학, 연구실, 기타 기관을 최소한 한 개 이상씩 설립.
4. 대중 공원 설립.
5. 남녀노소 모두를 위해 음악회나 모임을 개최할 수 있는 건물 설립.
6. 대중 수영장 설립.
7. 지속적인 교회 지원.

1890년에 접어들면서 미국 내의 산업 현장에서 노동자들의 목소리가 높아졌다. 강도 높은 근로 시간과 열악한 작업 환경에 비해 터무니없이 적은 임금 수준에 반발하는 노동자들의 움직임이 점점 구체화되기 시작했다. 이미 *노조가 결성되고 자본가들과의 투쟁이 점차 격화되어 갔다.

노조 : 노동조합을 말한다. 노동 조건의 개선과 노동자의 지위 향상을 목적으로 노동자가 조직한 단체이다.

  앤드루의 사업장 역시 마찬가지였다. 홈스테드 제강소의 움직임이 심상치 않았다. 홈스테드 제강소는 카네기 제강소 중 하나인 피츠버그 근처에 위치한 곳이었다.

  "뭐라고? 노조라니 그게 무슨 소리야! 그딴 게 왜 필요하단 거야?"

  앤드루는 노조를 인정하지 않았다.

  "무턱대고 노조 결성을 막을 순 없습니다."

  앤드루 회사의 경영진이 회사의 입장만을 일방적으로 노동자에게 강요할 수 없는 상황을 앤드루에게 설명했다.

  "도대체 무슨 소리를 하는 거요? 지금 내가 노동자들의 빵이나 훔쳐 먹는 악덕 자본가라는 거요?"

  "그런 말이 아닙니다."

  "어쨌거나 난 정당한 노동의 대가를 지불하고 있소!"

  앤드루는 쉽사리 노동자들의 요구를 들어 주지 않을 것임을 분명히 했다. 이미 많은 액수의 돈을 사회에 기부하고 있는 앤드루로서는 납득하기 힘든 결정이었다.

  앤드루는 결코 돈에 인색한 인물이 아니었다. 하지만 노동자들에게

는 쉽게 지갑을 열려고 하지 않았다.

 "부, 그러니까 돈이 많다는 것은 무엇이라고 생각하십니까?"
 1868년, 한창 돈을 벌어들이던 젊은 사업가 앤드루에게 한 기자가 물었었다.
 "부라는 것은 소수만이 누릴 수 있는 영광입니다. 그리고 이것은 급료처럼 작은 액수로 분산될 때보다, 인류 번영을 위해 쓰일 때 더 고귀해집니다."
 앤드루의 대답에서 인류애가 넘쳐흘렀지만 노동자들에 대해서는 그

다지 애정이 없었다는 것을 알 수 있다. 노동자 한 사람 한 사람이 사회를 구성하고 국가를 이루며 국가가 모여 세계가 된다는 것을 몰랐던 것일까? 참으로 미스터리한 부분이 아닐 수 없다.

어찌 됐든 앤드루는 상황이 심상치 않게 흘러가자 노조와 싸울 수 있는 추진력이 강한 헨리 클레이 프릭을 사장으로 임명하고 자신은 유럽으로 떠나버렸다.

예상대로 회사 경영진과 노동자들의 협상은 이루어지지 않았다. 노동조합에 가입한 홈스테드 제강소의 노동자들은 임금을 인상하라고 요구했지만 프릭이 노동자들의 요구를 대부분 거부했고 경영진이 요구한 대로 받아들이지 않을 경우 홈스테드 제강소를 폐쇄하겠다고 소리쳤기 때문이다.

결국 협상은 결렬되었다. 그러자 프릭은 홈스테드 제강소 주변의 경비를 강화시키고 공장 주변을 굵은 가시철사로 둘러 울타리를 높게 만들었다. 그리고 탐조등과 포문까지 공장 곳곳에 설치하여 요새처럼 만들었다. 노동자들이 쳐들어올 경우를 대비한 것이었다.

뿐만 아니라 프릭은 사설탐정을 고용하여 파업 주동자를 색출했으며 노동자들을 협박하거나 폭력을 행사하기도 했다.

이러한 조치는 노동자들을 더욱 분노하게 만들었다.

홈스테드 폭동

따따따땅!

마침내, 요란한 총소리와 함께 성난 노동자들이 홈스테드로 몰려들었다.

"앤드루를 죽여라!"

"공장 안에 있는 경영자들과 직원들을 모두 죽여라!"

"와아아아!"

성난 파도처럼 노동자들이 몰려들었고, 곧 전쟁을 방불케 하는 총격전이 벌어졌다. 곧이어 사상자와 부상자들이 속출했다.

폭력 사태는 홈스테드 공장이 있는 인구 1만 2천여 명의 앨러게니 시로 확산되었다. 여기저기서 총성이 끊이지 않는 무정부 폭동 사태가 벌어졌다. 미국 노동운동 사상 최악의 유혈 사태라 일컫는 '홈스테드 폭동'이 벌어진 것이다.

결국 사태를 진압하기 위해 연방 정부의 군이 투입되고 나서야 폭력 사태가 진압되었다. 사망자와 중상자를 포함한 수십 명의 사상자가 이번 사태로 희생되었다.

무사히 공장을 빠져 나온 프릭은 폭동이 벌어지고 난 후에도 그리 변한 게 없었다. 그는 이번 사태의 주동자들을 철저히 조사하여 경찰에 넘길 것이라고 발표했다.

며칠 후, 프릭은 경영진과 함께 사태를 수습하기 위한 방안을 회사

사무실에서 논의하고 있었다.

경영진들은 서로 협의하여 이번 사태를 무사히 넘기자고 했지만 프릭은 노동자들에 대한 분노를 마구 터뜨렸다.

"그럴 순 없소. 단순히 폭동에 참가했다 해도 재산상의 손실을 입힌 자에게는 모두 손해배상을 청구할 것이오! 이자들은 폭도들이란 말이오! 알겠소?"

딸깍!

그때 문을 열고 한 남자가 안으로 들어왔다. 차가운 분위기를 풍기는 기분 나쁜 사내였다. 뭔가 위험을 느낀 프릭이 본능적으로 몸을 숙였다.

바로 그 순간, 품속에서 권총을 꺼낸 그 사내가 프릭을 향해 총을 발사했다.

탕! 탕! 탕!

곧, 경호원들이 뛰어들어 사내를 제압했다. 총격을 당한 프릭은 천운이었는지 목숨은 건질 수 있었다.

그 소식은 곧바로 유럽에 있는 앤드루에게 전해졌다. 하지만 앤드루는 매정하게도 특별한 조치를 취하지 않았다. 모든 사태를 경영진에게 맡긴 채로 자신은 아무 상관없다는 듯이 유럽에서 지냈던 것이다.

이 사실을 알게 된 언론들은 공장의 실질적인 소유주였던 앤드루에게 비난을 퍼붓기 시작했다. '스카치 출신의 양키 수전노'라고 격하게 비난하는 신문사도 있었다.

사실, 홈스테드 사건은 앤드루 인생에 있어서 가장 수치스러운 부분이며 비난 받아 마땅한 부분이다. 분명히 자신이 해결해야 할 일을 프릭에게 맡기고 자신은 회피했을 뿐만 아니라 악덕 기업가라고 불려야 마땅할 만한 조치들을 취한 게 사실이다. 비록 그 자신은 유럽에 있었다고 하나 그것은 엄연히 도피였고 비겁한 도주였기 때문이다.

일생을 살아가는 데 있어 완벽한 인간이란 없다. 많은 실수와 시행착오를 거치기 마련이다. 앤드루 역시 성공한 기업인으로 우뚝 섰지만 그 이면에는 지우고 싶은 역사도 있었던 것이다. 바로 그러한 역사들이 앤드루를 새로운 길로 이끌게 된다.

제이 굴드의 말로

어린 시절 자신에게 굴욕을 준 사람들에 대한 복수를 끝낸 제이는 이미 어마어마한 자산을 가지고 있었지만 결코 자신이 가지고 있는 것에 만족하지 않았다.

또한 자신이 가지고 있는 것을 나누는 것에 무척이나 인색했다. 그것은 자신의 피붙이에게도 마찬가지였다.

제이에게는 여섯 명의 자녀가 있었지만 결코 자신이 생각한 것 이상의 돈을 주는 법이 없었다.

어느 날, 제이의 아들 중 다섯째가 누군가에 의해 납치되었고 곧 제이에게 아들의 몸값을 요구하는 전화가 걸려 왔다.

"100만 달러를 준비하지 않으면 너의 아들의 살아 있는 모습을 보지 못할 것이다."

"얼마라고?"

"100만 달러라고 말했을 텐데!"

"미친놈! 그 녀석이 그 정도 값어치가 있을 것이라고 생각하느냐? 제 앞가림도 제대로 못하는 놈이야! 2천 달러면 낼 용의가 있지만 그 이상은 꿈도 꾸지 마!"

그리고는 제이는 전화를 끊어버렸다. 하지만 협박 전화는 계속 걸려 왔다.

"이 자식아! 왜 자꾸 전화를 하는 거야! 죽이든지 살리든지 네 하고 싶은 대로 하란 말이다! 내 주머니에서 돈이 나가는 일은 없어!"

결국 며칠 후 다섯째 아들이 돌아왔다.

사실 그 일은 제이의 자식들이 아버지에게서 돈을 얻기 위해 꾸민 일이었다. 하지만 결국 아무것도 얻지 못할 것이라는 걸 알게 되자 슬그머니 집으로 아들이 돌아왔던 것이다.

제이는 가족을 모아 놓고 의기양양하게 소리쳤다.

"다들 봤느냐? 다섯째가 무사히 돌아왔다. 이놈들이 내 주머니에서 돈이 나오지 않을 거라는 걸 알고 돌려보낸 거야. 내 그럴 줄 알았지! 그래서 그놈들에게 돈을 주지 않은 것이었어. 흥! 감히 내 돈을 노려? 가소로운 놈들 같으니라고!"

제이는 식구들에게 자신이 돈을 내주지 않은 이유를 자랑스럽게 떠들었다. 돈을 내주기 싫어서가 아니라 아들을 돌려받기 위해 어쩔 수 없는 선택을 한 것처럼 말했던 것이다.

식구들 그 누구도 아무 대꾸하지 않았다.

자신이 가진 엄청난 돈을 세며 영원히 희희낙락하게 살 것만 같았던 제이 굴드는 1892년 12월 급성 폐결핵으로 손써 볼 틈도 없이 숨을 거두게 되었다.

나이 56세. 그동안 온갖 악독한 짓을 해 가며 악착같이 돈을 모아 온 그에게는 너무도 허무한 죽음이었다. 그는 그 어느 곳에서도 기부란 것을 해 본 적이 없었다.

그가 가지고 있는 모든 재산은 그의 유족에게로 돌아갔는데 그가 남긴 재산 규모는 2008년 기준으로 671억 달러로 추산되었다. 빌 게이츠가 가진 재산보다 더 많은 재산이었다. 실로 천문학적인 금액이었다.

그러나 제이 굴드는 그런 천문학적인 돈을 가지고도 가장 추악한 악덕 자본가로 남겨졌던 것이다.

11. 부자인 채로 죽는 것은 부끄러운 일이다

앤드루는 〈부〉라는 책을 출간했다. 부의 현명한 분배에 대해 쓴 책이었다. 앤드루는 그 책을 낸 이후 부의 축적을 그만두고 자신이 말한 대로 부의 분배에 매진했다.

딸 마거릿의 탄생

1897년 3월, 뉴욕에 있는 저택 안 서재에서 앤드루가 무척이나 초조하고 불안한 표정으로 서성거리며 안절부절못했다.

나이 62세에 자신에게 이런 일이 생길 거라곤 꿈에도 생각하지 않았다. 그런데 그 엄청난 축복이 자신을 찾아온 것이다. 앤드루는 자신에게 이런 기적 같은 행운을 보내준 하나님께 감사하고 또 감사했다.

하지만 아직은 안심할 단계가 아니었다. 불행한 일은 언제든 벌어질 수 있었다. 앤드루는 자꾸 시계를 바라보았다. 말 그대로 일각이 여삼추 같았다.

잠시 후, 서재 문을 열고 간호사가 들어왔다.

"축하합니다, 카네기 씨. 귀여운 공주님이 태어났습니다."

"오, 세상에!"

간호사의 말에 앤드루의 눈에선 기쁨의 눈물이 자신도 모르게 흘러내렸다.

"모두 무사한가요?"

"물론입니다. 모두 건강합니다."

앤드루에게 딸이 태어났던 것이다. 딸의 이름은 할머니, 즉 앤드루의 어머니 이름을 따서 마거릿이라 붙였다.

딸 마거릿은 앤드루에게 또 다른 세상이었다. 앤드루는 틈만 나면 딸을 안고 돌아다녔다. 잠시라도 딸이 품에서 떨어지면 무척이나 서운하여 견딜 수가 없었다. 딸아이의 귀여운 얼굴을 보는 것만으로 세

상을 다 얻은 것만 같았다.

 앤드루는 사랑하는 딸, 그리고 아내와 행복하게 살 수 있는 공간을 마련했다. 스코틀랜드 북부의 나무가 우거진 초원에 있는 스키보 성을 사들여 가족이 지낼 수 있는 곳으로 개조한 것이다. 광대한 자연과 아름다운 풍광에 둘러싸인 스키보 성은 가족들에게 더할 수 없이 좋은 곳이었다. 딸뿐만 아니라 아내인 루이즈도 스키보 성을 무척 좋아했다.

세계 대부호의 은퇴

 홈스테드 사건을 경험한 후 앤드루의 사업체들은 비교적 큰 문제없이 운영되고 있었다. 하지만 앤드루는 자신이 고용한 경영진들과 관계가 흔들리고 있었다.

 특히 앤드루와 프릭은 경영 전반에 대한 시각 차이가 커서 점점 그들 사이의 거리가 벌어졌다. 홈스테드 사건 때 고용했던 프릭은 총상을 입고 난 후 다시 경영에 복귀했는데 회사에서 이미 확고한 자기만의 영역을 가지고 있었던 것이다.

 홈스테드 사건 때 프릭을 전면에 내세우고 자신은 빠져나갔던 일이 있었기에 앤드루는 프릭을 함부로 내칠 수도 없었다.

 하지만 시간이 흐를수록 프릭과의 관계는 악화되었고 결국 두 사람은 가슴에 상처를 남긴 채 헤어지게 되었다. 앤드루가 프릭을 은퇴시켰던 것이다.

이 일은 앤드루를 무척이나 피곤하게 했다. 안팎으로 앤드루에 대한 비난이 일고 있었다. 더 이상 회사 문제에 시간을 낭비하고 싶지 않았고 무엇보다도 앤드루는 사랑스러운 딸과 많은 시간을 보내고 싶었다.

1901년, 앤드루는 자신의 방으로 경영진 측근들을 불러들였다.
"여러분을 이렇게 모이게 한 건 오랫동안 고민한 저의 결정을 말하기 위해서입니다."
측근들은 앤드루가 뭔가 중대한 문제를 말할 거라고 직감했다.
"저는 제가 가진 모든 사업체를 정리할까 합니다."
측근들은 놀라지 않을 수 없었다. 앤드루가 은퇴를 선언한 것이다.
"이제 저는 제가 가진 부를 나누는 일을 하고 싶습니다."
오래전부터 앤드루는 재단을 세우고 여러 곳에 많은 기부를 행하고 있었다. 많은 도서관과 병원, 대학 들을 지어 사회에 기증하는 일을 해 왔던 것이다. 그는 이제 그 일을 본격적으로 해야겠다고 마음먹었다.
"하지만 카네기 씨께서 소유한 사업체를 인수할 수 있는 곳이 있는지요? 워낙 금액이 커서 쉽지 않을 것 같습니다."
"저 역시 같은 생각입니다. 하지만 이익을 내고 있는 회사들이 팔리지 않을 리가 없습니다. 제 사업체를 인수할 수 있는 곳을 알아봐 주십시오. 이것은 제가 만든 판매 금액입니다. 그 이하로는 팔지 않을 생각입니다."
경영진은 의문을 품으며 질문했지만 앤드루는 단호했다. 그러면서 그들에게 앤드루가 꼼꼼하게 계산한 판매 금액을 보여 주었다.

카네기 회사의 자본

신설 회사의 자본 : 1억 6천만 달러

주식 가격 : 2억 4천만 달러

+ 작년 이윤으로 향후 1년 동안의 수입 : 8천만 달러

카네기 회사 주식의 총 가격 : 4억 8천만 달러

이는 현재의 가치로 수백억 달러에 달하는, 말 그대로 천문학적인 가격이었다. 이만 한 돈을 낼 수 있는 사람을 찾는 것은 쉽지 않은 일이었다.

하지만 앤드루는 회사를 잘게 쪼개서 팔고 싶진 않았다. 무척이나 번거로운 일이었고 또 스트레스에 시달릴 수도 있었다. 한꺼번에 인수할 수 있는 사람을 찾고자 했다.

앤드루의 사업체는 사업을 하는 많은 사람들이 갖고 싶어 했다. J. 피어폰트 모건도 그중 한 사람이었다. J. 피어폰트 모건은 미국에서 영향력 있는 은행가로 'J.P. 모건'이라는 굴지의 금융 회사를 가진 금융계의 절대 강자였다. 그리고 앤드루의 회사들을 인수할 만한 돈을 댈 수 있는 세상에 몇 안 되는 사람이었다.

모건은 철강 산업에 아주 관심이 많았기에 카네기 회사를 인수하고 싶어 했다. 하지만 아무리 모건이라도 4억 8천만 달러는 엄청난 액수임이 분명했다.

앤드루가 계산한 회사 자본 문서가 모건에게 전달되었다.

"음, 이 정도면 적정선인 듯하군요."

앤드루가 쓴 자본 문서를 검토한 모건이 말했다. 더 이상의 흥정도, 입씨름도 없었다.

이 두 사람은 앤드루의 집에서 약간의 대화를 나누고 마침내 사인을 했다. 역사적인 거래의 순간이었다.

"카네기 씨. 세계에서 가장 큰 부자가 되신 것을 진심으로 축하드립니다."

사인이 끝나자 모건이 앤드루에게 악수를 청하며 말했다.

"그럴 리가요. 세계에서 가장 큰 부자는 모건 씨겠지요."

앤드루는 모건이 내민 손을 잡으며 말했다.

앤드루는 무언가 커다란 짐을 내려놓은 것 같은 느낌이었다.

그동안 가난한 직조 기술자의 아들로, 가난 때문에 미국으로 이민을 와서 살아온 세월들이 주마등처럼 스쳐 지나갔다. 참으로 숨 가쁘게 지나온 시간들, 치열하게 살아온 삶의 끝에는 막대한 부가 남아 있었다.

앤드루의 삶은 이제 끝이 아니라 또 다른 시작을 의미하는 것이었다. 그 막대한 부를 나누는 일이 남아 있었기 때문이었다.

자선 사업의 시작

모건과 계약이 끝나고 난 후 앤드루는 본격적인 부 나누기에 들어갔다.

첫 번째로 '앤드루 카네기 구제 기금'을 만들어 강철 회사 근로자들이 은퇴할 때나 상해를 입었을 때에 생활이 궁핍해질 수 있으므로 연금이 지급되도록 했다. 늘 가슴속에 상처로 남아 있던 홈스테드 사건에 대한 앤드루 방식으로의 속죄였다.

뿐만 아니라 뉴욕에 카네기 홀, 카네기 도서관, 카네기 학회 건물들이 건설되었고 총 5천 6백만 달러를 들여 미국과 영국에 2,500개 이상의 도서관을 지원하고 건설했다. 그 외에도 기술학교와 다른 여러 구제 기금들이 신설되었다.

그러나 이런 막대한 기부에도 언론은 앤드루에 대한 부정적인 기사들을 쏟아냈다. 특히 사업체를 정리, 매각할 때의 상황들에 대한 추측성 기사들은 앤드루에게 많은 스트레스를 주었다.

이에 앤드루는 잠시 자선 사업을 멈추고 그가 마련한 스키보 성으로 떠나 그곳에서 지내며 유럽 등지를 돌아보았다.

앤드루는 무척이나 여행을 좋아했고 또 틈만 나면 여행을 떠나곤 했다. 특히 1878년에 떠났던 동방 대탐험은 앤드루에게 잊지 못할 기억이었다.

앤드루는 그해 일본의 혼슈라는 섬에 도착했는데 그곳에서 커다란 문화적 쇼크를 경험하게 된다. 어디를 돌아보든지 난생처음 보는 풍경들이었다.

일본을 돌아본 앤드루는 중국 상하이에 도착했다. 앤드루는 중국에서 중국인들이 이룩해 놓은 문화에 깊은 감동을 받았다. 정교하고도 깊이 있는 건축물들, 화려한 색감의 문화재, 또한 거대한 만리장성에 이르기까지 중국은 앤드루가 알고 있는 것보다도 더욱 웅대한 나라였다.

앤드루는 중국, 홍콩, 싱가포르, 베트남, 인도를 거쳐 이집트에 도착했다. 어느 한곳도 흥미롭지 않은 곳이 없었다.

거의 세계 일주에 가까운 동방 여행은 앤드루에게 많은 감명을 주었다. 세상을 바라보는 눈을 키워 주었을 뿐만 아니라 사람들의 여러 삶의 방식을 통해 좀 더 다양하고 사상적인 경험을 가질 수 있었다. 이러한 것들은 그의 영혼을 풍요롭게 했다. 앤드루가 여행을 좋아했던 것은 바로 그런 이유 때문이었다.

앤드루는 스키보 성에 머물며 가족들과 유럽의 구석구석을 여행했고 가끔씩 스키보 성에 있는 계곡에서 송어 낚시를 하곤 했다. 무척이나 평화로운 시간들이었다.

"여보, 아무래도 더 이상 이곳에서 송어 낚시를 하며 지낼 순 없을 것 같아요."

루이즈가 낚시를 끝내고 돌아온 앤드루에게 수백 통의 편지를 보여 주었다.

"이게 다 무엇이오?"

"당신에게 구조를 요청하는 편지들이에요. 일주일이면 수백 통이 쌓이죠."

"하지만 이들은 나를 비난하지 않소?"

"알아요. 하지만 모두 다 그런 건 아닐 거예요. 분명 이 세상 어딘가엔 당신의 마음과 신념을 지지하는 사람들이 있을 거예요. 저처럼요."

"아깝지 않소, 루이즈? 이게 다 당신의 재산이 될 수 있는 돈이오."

"그럴 리가요. 그건 도저히 제가 감당할 수 있는 돈이 아니에요. 그리고 제가 번 것도 아니고요. 그 돈은 온전히 앤드루 당신 뜻대로 할 권리가 있는 돈이죠. 전 그 돈이 세상 사람들에게 조금이라도 도움이 되길 바라요."

"오…… 루이즈 고맙소! 내 뜻을 믿고 이해해 줘서 너무도 고맙소! 사실 난 언론에 화가 난 게 아니오. 지금까지 해 온 방식으로는 내가 믿는 세상을 만들기 힘들지 않을까 하는 의문이 들었던 것이오."

"당신이 믿는 세상이란 건……."

"평화요. 전쟁이 없는 세상, 모든 사람들이 평화롭게 꿈을 꾸는 세상이오. 난 그런 세상을 만들기 위해 다시 시작할 것이오."

한동안 스키보 성에 머물러 있던 앤드루는 다시 자신의 부를 나누기 위해 세상으로 나왔다. 사실 앤드루에겐 일일이 읽어 볼 수도 없을 만큼 많은 구조 요청들이 이어졌다. 개중엔 자신의 빚을 갚아 달라고 요청하는 자들도 엄청나게 많았는데 그런 사람들의 요구를 다 들어줄 수는 없는 노릇이었다.

그런 자들은 아무런 답장이 없는 앤드루를 위선자라고 공격했고 온갖 험한 말로 앤드루를 몰아붙였다.

언젠가 앤드루가 기자들에게 털어놓은 말이 있었다.

"자선의 길은 어렵습니다."

앤드루가 돈이 많은 것은 분명했지만 그렇다고 도움을 원하는 사람들을 모두 도울 수는 없는 노릇이었다.
 하지만 앤드루는 멈출 생각이 없었다. 사람들이 자신에 대해 뭐라고 하든 앤드루는 자신이 믿는 신념을 이루기 위해 남아 있는 생을 모두 쏟아붓기로 마음먹었다.
 그것은 평화였다.

12. 때를 놓치지 마라

이 말은 인간에게 주어진 영원한 교훈이다.
그러나 인간은 이것을 그리 대단치 않게 여기기 때문에
좋은 기회가 와도 그것을 잡을 줄 모르고 때가 오지 않는다고 불평만 한다.
하지만 때는 누구에게나 오는 것이다.

전쟁의 그림자

1900년대에 접어들면서 세계의 질서는 빠르게 변하고 있었다. 많은 나라들이 더 많은 식민지를 확보하기 위해 군사 장비와 비용을 확충하고 군사력을 강화했다. 이른바 제국주의 시대가 열린 것이다. 앤드루는 이러한 시대적 상황이 멀지 않은 장래에 커다란 불행, 즉 전쟁으로 현실화될 것이라 예상했다.

앤드루는 '세계 평화 기금'을 조성하여 실제적으로 일을 할 수 있는 기구를 만들어 자금을 지원했다.

앤드루는 단순히 돈을 지원하는 것만으로는 세계 평화에 대한 자신의 이상이 결실을 맺을 수 없을 것이라 판단하고 그와는 별도로 직접 세계를 움직이는 각 나라의 지도자들을 만나고 다녔다. 그중에서 앤드루가 가장 심혈을 기울인 건 독일을 통치하고 있는 카이저 2세였다. 카이저 2세는 독재자로 고집이 세고 호전적인 성격을 가지고 있었다. 실제로 카이저 2세가 이끄는 독일은 군비 확장에 총력을 기울여 프랑스를 비롯한 영국과 주변 국가들을 긴장하게 했다.

앤드루는 카이저 2세를 여러 차례 만나 평화에 대한 자신의 신념을 이야기하고 도움을 요청했다.

"카네기라…… 이자를 꼭 만나야만 하나?"

"그렇습니다, 폐하. 앤드루 카네기가 어떤 자인지는 폐하도 알고 계시지 않습니까? 국제 사회에서 무시할 수 없는 영향력을 가진 자입니다. 다른 지도자들과도 돈독한 사이를 유지하고 있고 무엇보다 세계 평화 기금에 막대한 돈을 기부한 자이지요."

"하긴 내 황실보다 많은 돈을 가지고 있다더군. 그게 사실인가?"

"아무리 많다 한들 저희 독일의 재정만 하겠습니까만 어찌 됐든 막대한 돈을 소유하고 있는 것은 사실입니다."

"피 같이 모은 돈을 마구 나눠 주다니 그놈도 제정신은 아닌 놈이군."

"적당히 카네기에게 평화를 약속해 주는 게 좋을 듯합니다. 그래야 다른 나라에서도 저희를 의심하지 않을 테고 말입니다."

"그렇군. 부자면 그냥 편안히 노후나 즐길 것이지 쓸데없는 데 참견하고 돌아다니며 귀찮게 하는군. 알았으니 카네기를 부르게."

며칠 후 앤드루가 카이저 2세를 방문했다.

"소망했던 대로 폐하를 만나 정말 영광스럽습니다."

"하하하하! 카네기 씨. 반갑습니다."

그들은 만찬을 즐기며 전쟁에 대한 이야기를 나누었다.

"잊지 마십시오. 25년입니다. 짐은 25년간 단 한 차례도 전쟁을 일으키지 않았고, 이 자리에 있는 동안은 유럽 하늘에서 단 한 발의 총알도 구경하지 못할 거라 장담합니다."

"그렇습니까? 황제폐하의 평화를 향한 열망에 깊은 감명을 받았습니다. 가슴 깊이 새겨 두겠습니다."

앤드루는 황제의 말을 굳게 믿었고 독일의 대학과 각종 강연회에서 자신이 평화에 대해 갖고 있는 신념을 열심히 부르짖었다.

하지만 1914년 6월, 사라예보에서 총성이 울렸다. 오스트리아-헝가리 제국의 황태자인 페르디난트 대공과 그의 아내가 총에 맞아 숨을 거두었다. 앤드루의 간절한 소망과 엄청난 노력에도 불구하고 전쟁의 서막이 열린 것이다.

"이보게, 앤드루! 소식 들었나? 사라예보에 비극이 있었다는군! 카이저 2세가 즉시 세르비아에 최후통첩을 보냈다네. 전쟁을 하려는 심산인 게야!"

앤드루의 오랜 친구가 말했다.

털썩!

앤드루가 의자에 무너지듯이 주저앉으며 중얼거렸다.

"어떻게 그럴 수가! 카이저 2세는 내게 굳게 약속했었어. 전쟁은 없을 거라고! 그런데 어찌 이런 행동을 할 수 있는가!"

"애초부터 그자는 전쟁을 일으킬 구실만을 기다리고 있었던 것이네. 이제 전쟁을 피할 수는 없을 것이네."

"카드로 세운 성이 힘없이 무너지듯, 순식간에 내 머릿속에 그렸던 공중누각이 와르르 무너지는 것 같아……."

앤드루는 넋두리하듯이 그렇게 말했다.

앤드루가 많은 돈을 쏟아붓고, 많은 노력과 공을 들였지만 유럽은 제1차 세계 대전의 소용돌이 속으로 빠져들었다.

수백, 수천, 수만의 사상자들의 처참한 모습이 연일 언론을 가득 메웠다. 그 모습을 보는 앤드루는 깊은 회의감과 무기력증에 빠지지 않을 수 없었다. 자신이 손쓸 수 없다는 사실이 더욱 그를 아프게 했다.

"나는 실패했소. 실패한 것이오. 저기 저 처참한 사람들을 보시오. 내 생애엔 저런 사람들이 없기를 바랐소. 서로 죽고 죽이는 이런 세상을 막아 보려 했지만 난 실패했소."

앤드루의 눈에서 굵은 눈물이 흘러내렸다.

"오, 앤디! 가엾은 사람. 당신은 절대 실패하지 않았어요. 평화를 향한 열망과 노력에 실패 따윈 없어요. 그것만으로도 충분히 가치가 있으니까요. 그러니 좌절하지 말아요. 아직 우리가 구해야 할 사람들이 너무 많아요."

루이즈는 눈물을 흘리는 앤드루를 따뜻하게 안아 주었다.

앤드루는 전쟁을 빨리 끝내기 위해 모든 노력을 기울여야겠다고 생각했다. 하지만 앤드루의 나이 일흔아홉 살. 기력은 많이 떨어졌고 침대에 누워 요양을 해야 하는 시간이 점점 길어졌다.

그의 돈이 전쟁으로 피해를 입은 사람들에게 투입되기 시작했다. 엄청난 액수의 돈이 그들에게 지급되었다. 하지만 그의 돈으로 모든 전쟁 피해자들을 구제할 수는 없는 일이었다.

다행히 전쟁은 1918년에 끝이 났다. 하지만 그 피해는 실로 어마어마했다. 1천만 명이 사망했고 2천만 명이 부상당했다. 가히 상상할 수 없는 인명 피해가 난 것이다.

이미 여든 살이 넘어 기력이 급속도로 쇠약해진 앤드루는 자신이 죽기 전에 전쟁이 끝난 것에 대해 한없이 감사했다.

딸의 결혼

이제는 걷는 것마저 불편해진 앤드루. 하지만 앤드루에게는 반드시 자신의 손으로 해야만 하는 일이 남아 있었다. 그것은 사랑하는 딸 마거릿의 손을 잡고 결혼식장에 들어가 사위의 손에 넘겨주는 일이었다.

앤드루가 늙은 나이에 기적적으로 얻은 유일한 혈육인 마거릿. 하지만 마거릿은 아버지 앤드루에게 많은 장벽을 가지고 있었다.

앤드루는 딸 마거릿을 진정으로 사랑했다. 하지만 앤드루가 딸과 함께 할 수 있는 시간은 많지 않았다. 앤드루는 해야 할 일이, 돌아보아야 할 곳이 너무 많았던 것이다.

마거릿에게 아버지는 너무나 먼 곳에 있는 존재였다. 그렇게 마거릿의 가슴속에 하나둘 장벽이 쌓여 온 것이다. 그 사실을 너무나 잘 알고 있던 앤드루는 늘 가슴이 아팠다.

이제 내일이면 무척이나 사랑하는 딸 마거릿은 다른 사람의 아내로 앤드루 곁을 떠나게 될 것이다. 하지만 이렇게 보낼 수는 없었다.

똑똑!
불편한 몸을 이끌고 앤드루는 딸 마거릿의 방문을 노크했다.
"아빠."
"들어가도 되겠니?"
"네, 들어오세요."
앤드루를 대하는 마거릿의 얼굴엔 아무런 감정도 드러나지 않았다. 그저 무덤덤해 보였다. 그 점이 앤드루를 더욱 아프게 했다. 사랑하는 딸 마거릿과 이토록 마음의 거리가 멀어져 있었단 말인가.

"미안하구나, 마거릿. 그동안 나에겐 네 말을 들어 줄 수 있는 시간이 너무 없었구나. 하지만 이거 하나만은 기억해 주렴. 난 늘 마거릿 널 가슴에 품고 다녔단다. 어디에 가든 무엇을 하든 늘 널 기억했단다."

"……."

"가끔은 그런 바람을 가져 본 적도 있었단다. 내가 부자가 아니었다면, 그저 평범한 사람들처럼 살 수 있었다면 아마 난 너와 더 많은 시간을 함께 할 수 있었을 거라고. 난 눈을 감는 순간까지 그걸 후회할 것 같아. 미안하구나, 마거릿……."

말을 마친 앤드루가 돌아서 걸어갔다. 몸이 불편해서 상체를 숙이며 걸어가는 앤드루의 뒷모습이 너무도 작아 보였다.

'아, 저렇게 작은 인간. 아빤 커다란 사람이 아니었어. 내가 언제든 안아 줄 수 있는 작은 인간이었을 뿐…….'

"아빠!"

마거릿은 눈물을 흘리며 앤드루의 등을 껴안았다.

"미안해하지 마세요, 아빠! 후회하지도 마세요! 아빤 언제나 커다란 사람으로 남아 있어야 해요! 언제나 자랑스러웠던 그런 모습으로 말이에요. 그게 아빠니까요……."

"마거릿."

앤드루의 눈에서 눈물이 흘러내렸다. 처음으로 딸과 마음을 나눈 것 같았다. 늘 무척이나 사랑했던 하나뿐인 딸과 말이다.

다음 날, 앤드루는 딸의 손을 잡고 결혼식장의 계단을 올라 신랑에게 딸의 손을 건네주었다.

일생의 마지막 순간

딸을 떠나보낸 앤드루는 자신에게 시간이 얼마 남지 않았음을 알았다. 그는 조용히 주변을 정리하기 시작했다. 그동안 앤드루가 사회에 기부한 액수는 3억 2천 4백만 달러에 달했다. 지금의 가치로 수백억 달러에 달하는 금액이었다. 엄청난 금액을 기부한 후, 앤드루는 남은 유산이나마 주변 사람들에게 전하고자 했다.

우선, 딸과 아내 그리고 주변 사람들을 위한 유언장을 꼼꼼히 작성했다. 그의 유산을 받을 사람들의 목록에는 집사와 가옥 관리인, 유모, 가정부 등도 포함되어 있었고 자신이 사귀었던 유명 인사의 미망인들도 있었다.

유언장 작성을 끝낸 앤드루는 자신이 묻힐 묘지를 물색했다. 그리하여 뉴욕에 있는 '슬리피 할로우 묘지'를 선택했다. 미국의 독립을 이끈 용감한 개혁 운동가들이 묻혀 있는 곳이었다.

뿐만 아니라 그는 묘비에 쓰일 문구도 생각했다. 자신이 좋아했던 수많은 문장들 중 앤드루가 선택한 것은 이것이었다.

여기에 자신보다 현명한 사람들을 주위에 둘 줄 알았던 사람이 누워 있다.

1919년 8월, 앤드루는 폐렴 진단을 받고 몸져누웠다. 이미 고령인 앤드루가 다시 회복되기란 거의 불가능하다는 것을 앤드루도, 앤드루를 극진히 간호하던 루이즈도 잘 알고 있었다.

앤드루는 가끔 힘겨운 숨을 몰아쉬며 눈을 뜨고는 루이즈를 슬픈 눈으로 바라보았다. 루이즈를 혼자 두고 숨을 거둔다는 것이 못내 마음에 걸리는 것 같았다.

"루이즈……."

폐렴으로 누워 있던 앤드루가 루이즈를 찾았다.

"말해요, 앤디."

"호수를 보고 싶소. 집 앞에 있는 호수 말이오. 나를 그곳에 데려다 주겠소?"

루이즈는 앤드루의 부탁대로 호수 앞 벤치로 데리고 갔다.

앤드루는 아무 말도 없이 한참을 호수만 바라보았다. 가끔씩 물새들이 드나들며 물결이 일렁거렸다.

"루이즈, 저기 물속에 내가 있소. 고향 던펌린에서 친구들과 놀고 있군요."

루이즈가 물속을 바라보았지만 물속에는 아무것도 보이지 않았다.

"이민선을 타고 미국에 도착했소. 정말 힘든 여정이었지요."

앤드루는 지나온 시간들을 보고 있는 것 같았다.

"왜 이렇게 시간이 빨리 흘러가는 거요? 당신 루이즈 모습이 보이는군요. 참으로 아름다웠지요. 당신과 마거릿을 끝까지 지켜주고 싶었소."

"당신 곁에서 너무도 행복했어요. 앤디."

"나 역시 당신이어서 행복했소."

호수에서 돌아온 앤드루는 루이즈의 손을 꼭 잡은 채 영원히 깨지 않을 깊은 잠 속으로 빠져 들었다.

"당신은 너무도 훌륭한 분이었어요. 당신을 만날 수 있었던 행운에 감사드려요."

루이즈가 깊은 잠에 빠진 앤드루의 이마에 입술을 대었다.

앤드루의 시신은 그가 생전에 지정한 슬리피 할로우에 묻혔다. 작고 간결한 문구가 새겨진 묘비와 함께 말이다.

그는 1919년까지 약 3억 5천만 달러를 자선기금으로 기부했으며 그가 사망할 때 남겨진 재산은 불과 3천만 달러였다.

하지만 이마저도 그중 2천만 달러는 뉴욕에 있는 카네기 주식회사에 양도했고 나머지 1천만 달러는 사회로 다양하게 환원되었다.

그의 자선금은 과거에만 머무르지 않고 앤드루가 설립한 많은 재단들로 시작해서 오늘날까지 멈추지 않고 지속되고 있다.

앤드루 카네기에 대한 평가

인간에게는 때가 있다. 이것은 기부도 마찬가지다.

앤드루의 성공은 본인의 노력이 있었다고는 하나 가장 적절한 시기를 포착하여 투자하고 거래를 성사시켜 온 앤드루의 본능적인 감각이 있었기에 가능했다.

앤드루는 기부에 있어서도 바로 때라는 것을 놓치지 않았다. 가장 적절한 순간에 자신의 모든 재산을 사회에 환원했던 것이다.

아무리 부자라 하더라도 가진 것을 아무 대가 없이 내놓는다는 것은 쉬운 일이 아니다. 그러나 앤드루는 가장 좋은 순간에 바로 그 어려운 결정을 함으로써 역사에 길이 이름을 남기게 된 것이다.

사실 앤드루는 수수께끼 같은 인물이다.

다양한 분야에 걸친 그의 재단과 그가 쏟아부은 기부금, 자산의 엄청난 규모와 영향력 때문에 현대인들은 역사 속에 묻힌 그를 동시대 사람으로 착각하기도 한다.

대부분의 사람들이 앤드루를 박애주의자라고 추앙하지만 한편에서는 그를 자본주의에서의 강탈자라고 비난하기도 한다. 그러나 그는 19세기를 산 사람이다. 지금의 가치관이나 판단 기준과는 분명히 다른 시대를 산 사람이다.

그건 경제에서도 마찬가지이다. 당시에는 지금처럼 노사 문제가 정립되지도 않았으며 많은 거래들에서 불법적인 요소들이 상존해 있었다. 그러나 그 당시에는 그런 것들이 엄연히 합법적인 관행으로 묵인되어 왔다. 그리고 그런 것들이 불법이라는 인식조차 없었다.

앤드루는 바로 그런 시대를 살면서 그런 시대상에 맞는 방법으로 부를 일궈 왔다. 가난한 이민자의 아들로 변변한 교육도 받지 못한 앤드루가 세계 최고의 부를 일군 것만으로도 대단한 인물로서 평가 받아야 마땅할 것이다.

  더구나 앤드루는 자신이 평소 가지고 있던 *박애주의를 몸소 실천했던 인물이다. 그 무시무시한 자산을 아낌없이 사회에 환원했던 것이다.

> **박애주의** : 세상의 모든 차별을 버리고 인류 전체의 복지를 위하여 서로 평등하게 사랑해야 한다는 사상.

  자선이라는 것은 생각처럼 쉬운 게 아니다. 갖은 고생을 해 가며 벌어들인 돈을 아무런 조건 없이 내놓는다는 것은 보통의 인간에게는 쉬운 결정이 아니다.

  하지만 그는 그 어려운 결정을 마치 자신이 당연히 해야 할 일이나 되는 것처럼 몸소 실천했다. 뛰어난 언변과 적극적인 성격으로 많은 강연과 연설을 하면서 평등을 주장했고 교육의 필요성과 노력을 해야 함을 강조했던 앤드루 카네기.

  그는 진정 근대 자본주의 역사상 가장 미스터리한 인물임에 틀림없다.

앤드루 카네기의 일생

1835 11월 25일, 영국 스코틀랜드 던펌린에서 태어나다.
1848 스코틀랜드에서 미국으로 이사하여 실 감는 일을 시작하다.
1850 전신국에 취직하여 기사로 일하다.
1853 펜실베이니아 철도 회사에 근무하다.
1859 펜실베이니아 철도 회사의 피츠버그 지역 책임자가 되다.
1861 워싱턴에서 근무하다.
      미국에서 남북전쟁이 일어나다.
1863 '키스톤 브리지'라는 철교 건설 회사를 설립하다.
1864 '사이클롭스 철강'이라는 회사를 설립하다.
1865 철도 사업에서 은퇴하다.
      다른 회사와 합병해 커다란 종합 제철소를 탄생시키다.
1867 피츠버그를 떠나 뉴욕으로 이사하다.
1875 카네기의 에드거 톰슨 제강소가 생산을 시작하다.
1881 고향 던펌린에 최초로 공공 도서관을 설립하다.
1887 4월 22일, 루이즈 화이트필드와 결혼하다.
1889 에세이 〈부〉를 출간하다.
1892 세 개의 회사를 합쳐 카네기 철강 회사를 설립하다.
      홈스테드 제강소 노동자들이 파업을 시작하다.
1897 딸 마거릿이 태어나다.
1901 카네기 철강 회사를 J. P. 모건에게 인수하다.
1910 세계 평화를 위한 카네기 기금을 설립하다.
1919 8월 11일, 섀도브룩에서 세상을 떠나다.

앤드루 카네기 재단

앤드루가 한창 활동했던 1800년대 후반부터
사망한 1919년까지 설립한 재단이다.

1881년 던펌린 도서관 – 앤드루 카네기의 고향 던펌린을 시작으로 미국과 영국에서 2천 5백 개 이상의 도서관들이 세워졌다.

1898년 카네기 홀 – 1891년 5월에 개장한 뉴욕 최대의 홀이었지만 처음에는 그저 뮤직홀로 불렸다. 후에 앤드루 카네기가 이곳을 지원하여 개축했다.

1900년 카네기 공과대학 – 피츠버그에 있는 카네기 멜론 대학교에 설립했다.

1901년 카네기 구원 재단 – 카네기 강철 회사 직원들이 일을 하면서 느낀 고통과 어려움을 위로하고 그들이 상해를 입거나 은퇴할 경우를 대비해서 연금을 후원하기 위해 설립되었다.

뉴욕 공공 도서관 – 1895년에 설립된 도서관이었는데, 앤드루 카네기가 이동도서관의 설치 기금으로 520만 달러를 기부했다. 이동도서관이란 도서관의 정보를 제공받을 수 없거나 도서관에 갈 수 없는 지역 주민에게 봉사하기 위한 이동식 도서관으로, 훗날 미국 최대의 도서관으로 발전하게 되었다.

1902년 카네기 워싱턴 재단 – 1천만 달러의 기금이 투입된 이 재단은 인류의 복지를 향상시키기 위한 여러 가지 조사와 연구 활동을 지원하고 지식의 발견을 촉진시키고자 설립되었다. 주로 자연과학 분야를 지원하고 있다.

1903년 카네기 던펌린 재단 – 고향 던펌린에서 발생하는 다양한 문제들에 대해 도움을 주기 위해 설립되었다.

1904년 카네기 영웅 재단 – 세계에서 활동하는 진정한 영웅들을 기리기 위한 재단으로, 사람의 생명을 구하기 위해서 영웅적 행위를 한 자를 표창하고 그 유족도 지원해 준다.

앤드루 카네기가 말하는 영웅이란 인류를 구원하고 인류에 크게 공헌한 모든 사람을 말한다. 예를 들면 난파한 배에서 전문적인 교육을 받은 직원조차도 안 된다고 하는 상황임에도 어부 혼자서 사람을 구조했을 경우, 어부는 영웅이라는 자격으로 이 재단에서 표창을 받을 수 있다.

1905년 카네기 교육 진흥 재단 – 교육 진흥을 목적으로 한 재단. 앤드루 카네기가 1천만 달러를 지원했고 추가로 50만 달러가 투입되어 만들어졌다. 교육 관계 인사들을 중심으로 구성된 위원회에서 재단을 관리하고 운영하고 있다. 이들은 대학 교수가 퇴직할 때 연금을 지급하고 전반적인 교육에 관한 연구와 조사 활동을 편다. 또한 각종 교육협회를 후원하고 교육과 관계된 연보나 회보들을 출판하기도 한다.

1906년 카네기 영어 철자 통일화 재단 – 전 세계인들이 영어를 쉽게 읽고 쓰고 말할 수 있도록 하기 위해 설립했다. 앤드루 카네기는 국제 분쟁이 서로 간의 의사소통이 제대로 되지 않기 때문에 발생한다고 생각했기 때문에 커뮤니케이션을 강화할 목적으로 만들었다.

1910년 카네기 국제 평화 재단 – 국제 전쟁을 방지하고 평화에 한발 다가가는 데 도움이 되는 연구나 출판을 지원하고자 설립되었다.

1911년 카네기 뉴욕 재단 - 미국 및 영국 주민이 서로 지식을 주고받고 문화와 생활을 이해하도록 돕기 위한 목적으로 1억 3,500만 달러의 기금으로 설립되었다. 기타 교육 시설이나 성인들이 받을 수 있는 교육 등을 재정적으로 지원하고 있으며, 1946년 이후에는 사회과학의 발전과 교육법의 개선에 중점을 두고 있다.

그 밖에도 카네기 덴마크 영웅 보상 재단, 카네기 뉴욕 사단 법인, 네덜란드·노르웨이·벨기에·이탈리아·스웨덴에도 카네기 재단이 설립되었다.

1912년 카네기 기술 협회 - 1967년에 멜론 연구소와 병합하여 현재 카네기 멜론 대학교에 설립되었다.

1913년 국제 사법 재판소 - 국제 관계에 있어서 발생하는 분쟁을 해결하기 위해 150만 달러가 투입되어 만들어졌다. 후에 미국 사법 재판소와 범미 연합회도 설립되었다.

1914년 교회 평화 협회 - 사람들이 모여 종교 활동을 함으로써 국세 평화를 촉진하기 위한 목적으로 설립되었다.

1918년 교사 보험 및 연금 협회 - 교사들에게 사기를 높여 주기 위해 연금을 주는 성격으로 설립했다.

인류 역사상 가장 부유했던 사람들

순위	이름	재산(US $)	출신	기업 또는 부의 출처
1	존 D. 록펠러	3,183억 달러	미국	스탠더드 오일
2	**앤드루 카네기**	**2,983억 달러**	**스코틀랜드**	**카네기 스틸 컴퍼니**
3	러시아 황제 니콜라스 2세	2,535억 달러	러시아	로마노프 가문
4	윌리엄 헨리 밴더빌트	2,316억 달러	미국	시카고, 버링컨, 퀸시 철도
5	오스만 알리칸, 아사프 자하 7세	2,108억 달러	하이데라바드	전제군주
6	앤드루 W. 멜론	1,888억 달러	미국	걸프 오일
7	헨리 포드	1,881억 달러	미국	포드 자동차
8	마르쿠스 리시니우스 크라수스	1,698억 달러	로마 공화국	로마 원로원
9	바실 2세	1,694억 달러	비잔틴 제국	전제군주
10	코넬리어스 밴더빌트	1,674억 달러	미국	뉴욕, 할렘 철도.
⋮	⋮	⋮	⋮	⋮
33	제이 굴드	671억 달러	미국	유니언 퍼시픽
⋮	⋮	⋮	⋮	⋮
37	빌 게이츠	580억 달러	미국	마이크로소프트
⋮	⋮	⋮	⋮	⋮
41	워런 버핏	524억 달러	미국	버크셔 해서웨이

포브스 선정(2008)
* 재산은 모두 현재 기준으로 환산하여 측정했다.

인물의 발자취

*스코틀랜드의 가난한 가족

앤드루 카네기는 1835년 11월 25일 스코틀랜드의 던펌린에서 가난한 직조 기술자의 아들로 태어났다. 그의 아버지는 수동식 직조기를 이용하는 작은 가내 공장을 운영했는데, 산업혁명의 영향으로 사람의 손이 아닌 기계로 움직이는 증기식 직조기가 도입되면서 급격히 가계가 기울기 시작했다.

생활 전선에 뛰어들 수밖에 없었던 앤드루는 어린 나이에도 불구하고 일찍 세상 물정에 눈을 뜨게 되었다.

*아메리카 드림을 꿈꾸다

1848년, 던펌린에서의 생활이 극히 어려워진 카네기 일가는 결국 고향을 떠나 미국으로 이민을 가기로 결정했다. 허름한 이민선에 몸을 싣고 갖은 고생을 하며 미국에 도착한 카네기 일가는 친척이 살고 있던 펜실베이니아 주 피츠버그 인근에 정착하게 된다.

당시 열세 살이었던 앤드루는 주급 1달러 20센트를 받고 방직 공장에 들어가 실 감는 일을 했으며 실력이 향상된 뒤엔 다른 공장으로 자리를 옮기게 된다. 앤드루의 근면함을 알아본 공장 주인은 앤드루에게 사무 보조도 담당하게 한다.

*근면과 성실로 무장하다

학력이라곤 고향에서 초등학교를 다닌 것이 전부였지만 사회생활 초기에 앤드루는 남다른 근면함과 성실함을 무기로 상사들의 호감을 샀으며 간혹 찾아오는 행운의 기회를 놓치지 않고 최대한 이용했다.

전신국에서 전보 배달원으로 근무할 때가 대표적인 사례이다. 앤드루는 전신국에 취직하자마자 어깨 너머로 전신 업무를 익혀 두었다. 그러다가 담당자가 자리라도 비우는 날이면 그 틈을 놓치지 않고 능숙하게 업무를 대신해 상사에게 인정을 받고 정식으로 전보 통신사가 되었던 것이다.

*본격적인 발돋움

1853년 앤드루는 전신국의 단골손님인 토머스 스콧에게 스카우트된다. 그는 펜실베이니아 철도 회사의 피츠버그 지부장으로 있는 인물이었다.

토머스는 철도 업무뿐만 아니라 투자에 관해서도 조언을 해 주는 등 앤드루에게 더 큰 기회로 통하는 문을 열어 준 일생일대의 은인이었다.

1855년에 아버지가 사망하자 앤드루는 스무 살의 나이에 집안의 가장이 되어 무거운 책임감을 느낀다.

1858년, 우연한 기회에 철도 침대차 사업에 투자해 처음으로 거금을 벌어들였다. 217달러를 투자한 결과 불과 2년 만에 매년 5천 달러의 배당금이 나올 정도로 큰 성공을 거두었던 것이다. 이는 앤드루가 커다란 부를 일굴 수 있는 발판이 되었다.

1859년에는 앤드루가 토머스 스콧의 뒤를 이어 피츠버그 지부장으로 승진했고 이때부터 제법 재산을 모아 부유층 행세를 할 수 있었다.

1861년에 남북전쟁이 발발하자 앤드루는 토머스 스콧을 따라 워싱턴으로 가서 자기 분야에서의 경험을 살려 철도와 전신 복구 업무를 담당한다.

그즈음 앤드루는 미국 석유 산업 초기의 산유지로 유명한 타이터스빌 석유 회사에 거금을 투자해서 막대한 이득을 얻었고 이를 바탕으로 본격적인 사업을 시작하게 된다.

1863년에 앤드루는 '키스톤 브리지' 라는 회사를 공동으로 설립함으로써 철강 분야에 처음으로 뛰어들었고, 1865년에는 자기 사업에 전념하기 위해 12년간 몸담았던 철도 회사를 퇴직했다.

* 철강으로 우뚝 서다

1867년에 유니언 제철소, 1870년에 루시 용광로 회사를 연이어 설립하며 폭을 넓히기 시작한 앤드루는 1872년에 영국의 베서머 제강소를 방문한다. 앤드루는 그곳에서 독특한 방법으로 생산되는 강철의 놀라운 잠재력을 깨닫게 되었다. 그리하여 미국에 있는 자신의 제철소에 새로운 공정 방법과 함께 베서머 제강소의 방식을 도입하여 큰 성공을 거두게 된다.

이에 만족하지 않고 앤드루는 1875년에 에드거 톰슨 강철 회사를 설립하고 프릭 코크스 회사의 홈스테드 제강소를 사들여 합병했다.

1892년에 앤드루는 기존의 철강 관련 사업체를 하나로 묶어 카네기 철강 회사를 결성했는데 이 회사는 미국 철강의 1/4을 차지할 정도로 막강한 위력을 행사했다.

* 떠나는 가족과 새로운 가족

1886년 앤드루는 세상에서 가장 가까웠던 두 사람인 남동생과 어머니를 불과 한 달 사이에 잃는다. 홀어머니의 그늘에서 벗어난 앤드루는 1887년 쉰두 살이 되어서야 서른 살인 루이즈 화이트필드와 결혼을 했고 예순두 살인 1897년에 기적처럼 외동딸 마거릿을 낳는다.

앤드루는 결혼 이후부터 경영 일선에서 한발 물러나 한 해의 절반가량을 고향 스코틀랜드에서 머물곤 했다.

* 오점을 남긴 홈스테드 폭동

악명 높은 홈스테드 폭동 사건도 그즈음 벌어졌다.

1892년에 홈스테드 제강소에서 임금협상 문제로 노동자와 경영진 사이에 갈등이 일었는데 회사의 2인자였던 프릭이 공장 폐쇄라는 일방적인 조치를 취하면서 사태가 악화되었다. 이에 노동자들도 가만히 있지 않고 격렬한 움직임을 보였는데, 프릭은 공장을 노동자들로부터 빼앗기 위해 사설 경비원 수백 명을 투입해버렸고 두 집단 간의 충돌이 벌어졌다.

이 사건은 록펠러 가문 소유의 '러들로 광산 대학살 사건'과 함께 미국 역사상 최악의 노동분쟁 중 하나이다. 이로 인해 10여 명의 사망자와 수십 명의 부상자가 발생했다.

사건이 진정되자 앤드루가 사태를 수수방관했다는 비난이 여기저기 빗발쳤으며 앤드루의 이미지에도 많은 타격을 입게 되었다.

* 은퇴 후 펼친 자선 사업

1901년, 은퇴를 결심한 앤드루는 J.P. 모건과 빅딜(Big deal, 대기업 간 교환)을 벌여 4억 8천만 달러에 회사를 매각했다.

앤드루는 한창 사업 확장에 분주했던 1868년, 나이 서른세 살 때 이미 은퇴 계획을 세운 바 있었다. 그 내용은 가족의 생활비를 제외한 모든 수입을 자선 사업에 쓰겠다는 것이었다.

계획대로 앤드루는 자선 사업을 시작하고 수많은 재단을 만들어 1919년에 그가 죽기 전까지 자신의 재산 대부분을 사회에 환원했다.

* 세계 대부호의 마지막

1919년 8월, 위대한 강철왕이자 자선왕은 생을 마감한다. 앤드루는 뉴욕에 있는 '슬리피 할로우'에 묻혔다.

유명 경제지 포브스는 앤드루 카네기를 세계 부호 순위 2위로 평가하고 그의 재산 규모가 2008년 기준으로 2,983억 달러에 달했다고 발표했다.